Regional Revitalization Encyclopedia

Hitoshi Kinoshita

地方創生大全

木下斉

東洋経済新報社

はじめに

2014年の「地方消滅論」に端を発した地方創生政策が立ち上がり、地方創生総合戦略なるものが策定され、2015年から全国各地で展開されています。

地方に携わる仕事を18年間している私としては、地方に光が当たるのは嬉しいです。しかし、地方創生を目指すそのアプローチについては、大いに心配を抱かせられるものが少なくありません。

実際、2016年6月にNHKが、内閣府が先進的と紹介する75の事業すべてについて調査をしました。その結果、目標を達成したのは28事業、実に全体の4割に満たないことが明らかになりました。初年度とはいえ、自治体が自ら計画して国から予算をとり、かつ国側も先進的であると全国に紹介した事業でさえも、このような状況にあります。

たしかに地方政策は、1～2年で地域全体が再生するような事業ではありえません。しかし、自ら立てた毎年の目標さえも達成できないようでは、将来にわたって成果を出すことは期待できません。

自治体が計画をつくって目標を立て、国が認定して予算をつけ、PDCAサイクルを回すという、すでに地方政策でも中心市街地活性化をはじめとしてさまざまな分野で行われ、失敗してきたこの方法で進むかぎり、大きな成果は生み出せないでしょう（参考資料：http://www.nhk.or.jp/ohayou/digest/2016/06/0616.html）。

地方創生は「事業」であるべき

18年前、私は高校1年生のときに、早稲田商店会の地域活性化事業に関わりました。年間予算が100万円もない貧乏商店会で、そもそも法人でさえなく、事務局員もいませんでした。しかし、そんな弱小団体が当時取り組んでいた「環境まちづくり」は大きな注目を集めました。

そのポイントは大きく分けて3つありました。

ひとつ目は、経済団体が環境をテーマに地域活性化活動に取り組んだことです。

もともと商店街は商売人が集まった組織で、自分たちの利益に対してきわめて利己的な存在です。そのため、従来だと「環境なんて知ったこっちゃない」という精神で、むしろ「ゴミをたくさん出した奴は、それだけ儲かっているという証拠だ。ゴミは商売人の勲章だ」くらいのことを言われる方もいたほどです。1990年代後半といえば、まだ自治体による資源ごみ回収も一般的ではない時代ですから、仕方ありません。しかし、そのような時代に商店街が自ら環境機器メーカーを巻き込んで、空き缶・ペットボトル回収機にクーポン券をつけたり、生ごみ処理機にマイレージ機能をつけるなど、商店街のマーケティングと環境活動を連動させたわけです。また早稲田という土地柄、大学までがその仲間に入り、今で言う産官学の取り組みとなりました。さらにはインターネットを活用し、中央官庁から大企業、中小企業、大学など全国150人以上のキーマンが関わる連携体制にまで発展していました。

2つ目は、補助金は活用せず、自ら稼ぐ地域活性化事業だったことです。

早稲田商店会は「カネがないからこそ知恵が出るんだ」という考えのもと、予算などはなかったものの、その分、さまざまな企業と連携したり、イベントで出店料を集めたり、視察見学を有料化するといった工夫による「稼ぐ地域活性化事業」として取り組んでいました。先の空き缶・ペットボトル回収機なども、チケットで誘客する仕組みで各店舗が儲かっていたため、毎月各店舗が支払う販促費によって運営されていました。つまり、従来の補助金依存の地域活性化事業ではなかったのです。

3つ目は、**「民間主導・行政参加」という、従来とは逆の構造で取り組んでいたこと**です。これらの取り組みはあくまで「民間」から発案されたもので、後に行政などを巻き込んでいきました。そもそもは大学町特有の商店街の夏枯れ対策（夏休みになると学生がいなくなるため、街が枯れてしまうという状況）からスタートした取り組み。しかし、単に商店街が儲からないのでお客さん来てよ、というようなイベントでは意味がないということで、当時事業系ゴミ回収の有料化によってホットな話題でもあった「環境」を切り口としました。そのような社会性の高いテーマを扱いながら、商店街の活性化という課題にもプラスになる取り組みを民間から発案し、そこに行政が後から関与してくるという構造が注目を集めました。

人生で初めて関わった地域活性化事業でこのような取り組みを経験した後、私は高校3

年生のときに、全国商店街の共同出資会社の社長を任されることになります。しかし、そこでは大きな失敗を経験しました。事業とは極めてシビアなものですが、地域を再生しながら、しかも税財源に依存せずに私企業を黒字で経営していくためにはさらに難易度の高い経営力が問われることを、この身をもって知りました。その後、大学院卒業後に改めて、熊本市で仲間と共に熊本城東マネジメントという会社を興し、さらに全国各地の仲間とともにエリア・イノベーション・アライアンスという団体を立ち上げ、各地で自ら出資した事業を開発するとともに、そこで得た知見・情報を発信しています。このような18年の経験から、私は**「事業としての地方創生」**ということを強く意識するようになりました。

一方で、**地方政策は常に同じところをぐるぐると回っている**ような感覚にも陥ります。今回の地方創生もまた、過去の政策の焼き直しともとれるものが少なくありません。

▼地方政策の失敗は、繰り返されるのか

地方創生の先行型予算で取り組まれた代表的な政策のひとつは、「プレミアム商品券」でした。

日本全国の1741市町村（当時）のうち、**実に99・8％にのぼる1739の自治体がプ**

レミアム商品券を発行し、1589億円の予算が請求され、執行されました。

では、皆さんの地域において、何か経済が大きく好転したでしょうか。「実感がない」というのが本音だと思います。そもそも地域振興券など過去の同様の政策から見ても、その効果は総額の4分の1~3分の1に留まると疑問視されています。にもかかわらず、地方活性化策として、いまだにこの「効果のないばらまき」がもてはやされています。

地方創生を進めていく上での戦略策定は、戦略をつくり、国の認定を受け、KPI（key performance indicator）を設定し、PDCA（plan-do-check-act）サイクルを回すという方式です。

これは2016年6月までに200市で認定された、「中心市街地活性化政策」と同様のアプローチです。しかしながら、同政策で地方都市中心部が大きく再生しているというケースは見られません。それどころか、かつてのモデル都市である青森市は、本政策の支援を受けて建設した中核施設「アウガ」の経営失敗により、すでに200億円以上の市税を費やし、市長が辞任を表明する事態となっています。

「過去に問題があった進め方に新たな名前をつけて、再度実行してしまう」ということが、地方創生政策における大きな問題です。

これらは単に地方自治体や政府といった行政の問題だけではなく、民間側もこのような政策に乗っかって商売している節もあります。さらに、この政策決定について予算をつけている国会、地方議会という存在もあり、彼らを選んでいるのはほかならぬ、私たちでもあります。

つまり**地方政策は、国と地方、行政と民間、政治と市民という関係の中で、議会で決議され、法律に則り、真面目に執行されているにもかかわらず、まったく成果が出ない**のです。

これらの構造的な負の連鎖を断ち切るためには、失敗を見て見ぬふりをしたり、忘れることではなく、私たちみんなが過去の失敗と向き合わなくてはなりません。

▼メディアが取り上げる「地方の成功物語」の消費を疑え

地方活性化に関するニュースを見るたびに、私は大きな違和感を覚えます。その多くは、田舎で若者が奮闘する物語であったり、過疎の村で奮闘する老人の姿であったりします。そのような「都市部が期待する〝心あたたまるきれいな地方の成功ストーリー〟」ばかりが取り上げられています。

しかしながら、そんなきれいな話だけで問題が解決するのであれば、地方はすでに再生し、誰も苦労はしていません。

実際には、地域の新たな取り組みに強硬に反対する地元の有力者、成功したことによって妬みを持つ住民、さらに地方独自の成功に乗じて自らの実績をあげるためにモデル事業予算を売り込む役人など、そこにはさまざまな欲望が渦巻いています。

何より、一瞬だけを切り取って「成功」と言うのは簡単ですが、それが継続するかどうかのほうが重要です。数年、さらに言えば数十年にわたるような「成功」をつくり出すことが極めて難しいのは、言うまでもありません。つまり、絶対的な成功などはなく、成功と失敗を繰り返しながら、それでも決定的な失敗をせずに、どうにか上昇気流をつくり出していく日々の取り組みこそ、地域活性化のリアルです。

それらは例外なく、ニュースでは取り上げられない、とても地味な取り組みです。

残念ながら、そのような継続性のある地味な取り組みは、都市住民からすると感動がなく、別にどうでもいい話なので、メディアも取り上げません。

さらに、地方移住に関するメディアの報じ方も異常です。

実際には地方に移住する人はわずかな数で、圧倒的に首都圏に集まる人のほうが多いです。2015年の人口移動報告によれば、東京圏は11万9357人の転入超過となっており、その規模も4年連続で拡大しています。他に転入超過となったのは、埼玉、千葉、神奈川といった東京圏、愛知、大阪といった三大都市圏の中核をなす都市、さらに福岡と沖縄です。

しかしながら、メディアでは「今は、地方移住がトレンド」といったようなことを取り上げ、**都市部から理想的だと受け取られるような田舎暮らしをする特異な地方移住者にフォーカスした番組**がつくられます。

突出した話題性を求めるあまり、地域に必要な課題解決ではなく、「都市部で話題になるネタ」という特異な事例に報道が偏ってしまうわけです。そして、地方も都市部メディアに取り上げられるために、「ウケ」を狙った取り組みばかりを優先してしまいます。結果、地方の問題は解決されず、一過性の話題づくりばかりに奔走しています。

これは地域だけの話ではない

私は2014年12月に東洋経済オンラインにて、「地方創生のリアル」という連載を開始しました。

この連載では地方の表面的な話ではなく、過去の失敗を整理すると共に、そこにある構造問題について整理し、解決策に迫ることを目的としました。

この連載では文字通り、衰退する地方を活性化しようとするときに発生する、さまざまなリアルな話を書き綴っています。多くの人が「あたりまえにわかっているけど、言い出しにくい」話というものはたくさんあります。しかし、**言い出しにくいことほど、問題の原因となっている**場合が少なくありません。

この連載を通じて驚いたのは、

「これは地域だけでなく、うちの会社でも同じだ」

「地域活性化分野と役所との関係は、うちの業界団体と所管官庁との関係と同じ」

「商業とかだけでなく、農業でも林業でも水産業でも同じ」

といったご意見を多くいただいたことです。つまりは、**地域の構造問題と日本の各所で見られる問題には、極めて多くの共通点がある**のだと気づかされたのです。

本書にまとめている内容は、**単に「地方問題」のまとめではなく、「日本のいたるところ**

で発生している構造問題のひとつ」として読んでいただければ幸いです。

▼構造問題を5つの視点から整理する

本書では、以下のように5つの視点から地域の構造問題について整理します（図表1）。

・ネタの選び方
・モノの使い方
・ヒトのとらえ方
・カネの流れの見方
・組織の活かし方

地域での取り組みが失敗する原因として、まずは「取り組むネタの選び方」があります。そもそも最初から、ネタを選ぶ際に間違っているパターンです。

B級グルメなどは、そのようなパターンのひとつです。そもそも地域でつくられていない小麦粉などを原材料にした、粗利こそとれるものの単価数百円から1000円程度の低

図表1　本書全体の構造

このすべての要素が機能して、初めて地域再生に必要な取り組みが成立する。しかし、「事業」「資源」「組織」の3つすべてが間違えているから、地域再生はいつまでも実現しない。間違えた構造をいくら支援したところで、成果は出ない。重要なのは支援ではなく、誤った構造を是正することだ。事業、資源、組織を合理的構造へと転換させることこそが、地方が再生するために不可欠だ。

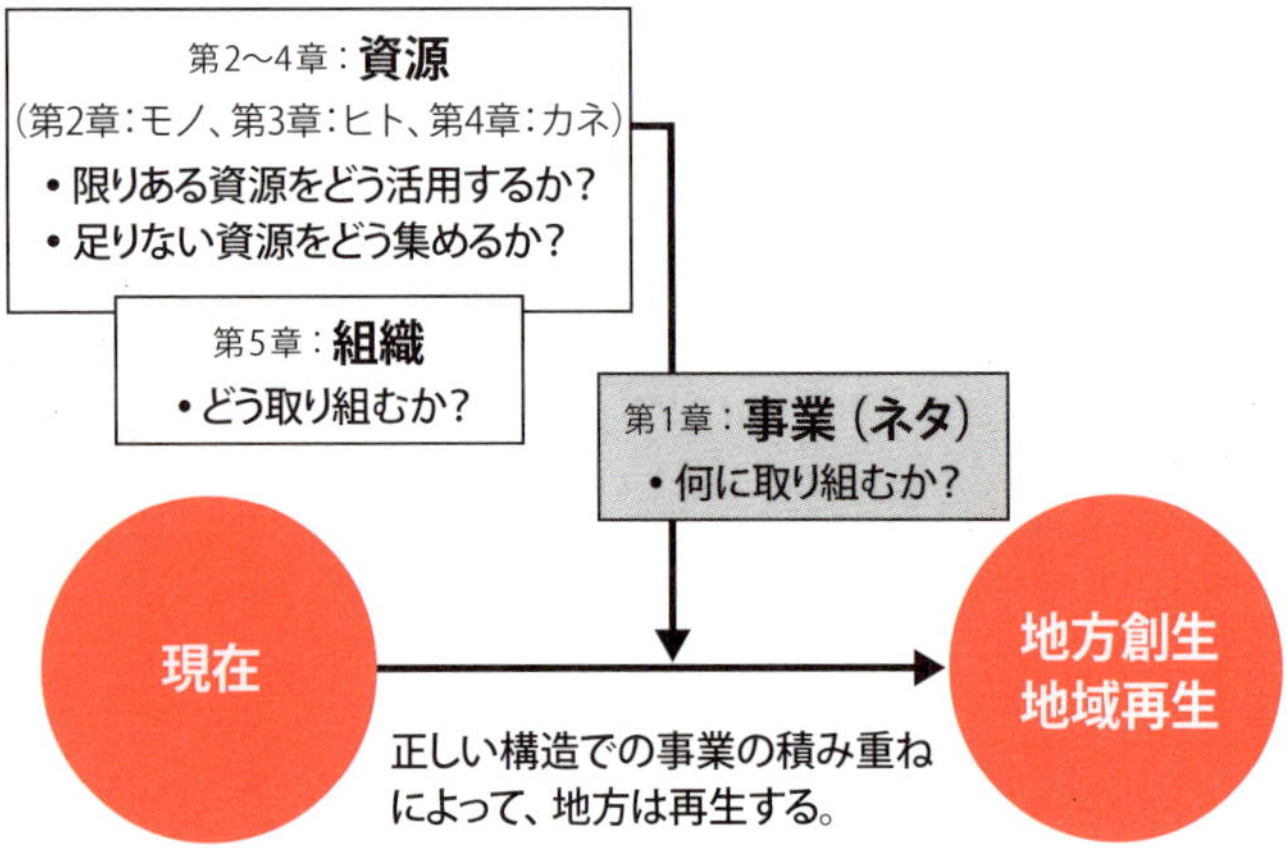

廉なメニューを基本とすると、加工などの一部で付加価値を生むのが限界です。それだけでは地域の一次産業を含めた波及効果は期待できません。どこまでいっても、差別化が難しく単価が安い割に表面的な調理・提供に関する付加価値しかとれないため、地域全体の再生にはつながりません。

さらに**「モノの使い方」**も重要なポイントです。

地域での取り組みでは、建物や空間といったハードも不可欠です。そして、地方にはすでに多額の税金でさまざまなインフラが整備されています。しかしそのつくり方、使い方を間違うと、それは時に地域を滅ぼしかねない原因になります。これまでつくったモノが赤字を垂れ流してしまい、地域のほかのサービスに予算が回らなくなってしまうケースは少なくありません。

たとえば道の駅も、一見すれば地域のためになっているように見えますが、**その多くは初期投資を回収できないばかりか、運営にも税金が使われる赤字経営ばかり**です。じゃがいも1袋100円といった商売をするのに、鉄筋コンクリート建ての公共建築は過剰投資なのです。毎年数千万円の維持費を稼げる商売ではなく、税金で赤字を補塡しなければ潰れてしまう場合がほとんど。それでは、どこまでいっても地域は儲からないのです。

また、多くの地域で問題になるのが**「ヒトのとらえ方」**です。

昨今は人口という数ばかりが注目され、定住人口の話、観光を中心とした交流人口の話、そのすべてが単に人口というボリュームの問題に集約されてしまっています。地方に人口さえ戻れば、すべての問題が解決するという話になりがちです。

しかしながら、実際には**人口を増加させるということは、それだけの人たちを食べさせられる産業をつくるという話**であり、単に移住促進補助金などで一過性の人口を追い求めても意味はありません。もともと地域産業に問題があるからこそ、雇用にも問題が波及し、地元に人が残らず、結果として地域内需要までも細っていっているわけです。そのため、**本来は地元で強くしていこうとする産業があり、その産業に適合できる人材を集めるという発想が自然**なのです。

交流人口についても同様で、一過性のイベントで何十万人を集めたところで、観光消費がなければ意味はありません。**重要なのは人数よりも観光消費の「単価」**です。ひとりあたりどれだけの消費をしてもらえるのか、単価設定をもとにして、地元の飲食店から宿泊施設までを含めたトータルでのサービスを変えていかなくてはなりません。にもかかわらず、地域の変化は後回しにされ、単に人数を集めればいいという考え方でイベントに予算を費やしてしまい、地元に何も残らないことが多々あります。

ヒトをどうとらえるかというのは、地元の次世代産業を支える人材という意味と、サービスを提供していく顧客という複合的な意味があります。これらを混同し、かつ質的問題を無視して「数」としてしか見ないと、大きな間違いのもとになります。

「カネの流れの見方」についても、地域政策では誤って扱われてきました。

そもそも地域政策は、再分配政策の一貫として政治的・行政的に行われてきたものが多く、経済的な視点、経営的な視点が軽視されてきました。たとえば、国が50億円の支援をするものの、地方自身も50億円を負担し、その維持に毎年2億円の負担が30年続くといった事業が行われてしまいます。これでは、累計すると地方では60億円の赤字です。そのため、地方自治体が活性化事業をやればやるほど財政負担が増加するという状況を引き起こしてきました。

また、**地方での事業評価は「自治体」と「民間（第3セクター含む）」の連結決算で評価**されなくてはなりません。しかし、特殊な公会計によってその評価が歪められています。さらに、官民ともに地域政策に関与する多くの人が、そもそも財務諸表すら読めないということも少なくありません。おカネの流れが見えないから、地方政策で「効果が見られない」という状況こそわかれど、おカネの流れに問題があることに気づけないのです。

さらに、**「組織の活かし方」**についても問題があります。

地域政策においては、組織行動に関する理論がほとんど採用されず、いまだに前時代的な「計画経済」のようなアプローチが採用されています。「計画」を定め、単年度での「予算」を決定し、それに従って組織を動かす。事業の状況を監視して、評価し、改善を言い渡す。

しかし、このような動き方は、**組織においてモチベーションを高め、目的である「地域を**

再生する」ということと向き合わせるのには有効ではありません。単なるルーティンを回す、昭和の生産工場のようなやり方、もっと言えば、旧ソ連の国営工場のようなやり方です。

これでは、組織内の個人は本当に地域を再生する事業に汗をかくよりも、打算的に他の地域を模倣した施策を採用したくなります。目標も、単発で事業評価を得られやすい集客数などを優先したくなってしまいます。皆がヒットを狙うことさえせず、バントかフォアボールを狙うような姿勢です。このように「失敗しない」ことを優先する組織の中では、「地域を再生する」という中長期的な視野に立ってリスクをとること自体が、「馬鹿な行い」になってしまいます。

本書では、以上のような各論を、複数の視点から整理していきます。なぜひとも皆さんの関わる分野が「同じような構造問題」を抱えていないか、点検するような気持ちで読んでいただければ幸いです。

2016年9月

木下　斉

目次

第3章 ヒトのとらえ方
「量」を補うより「効率」で勝負する

第4章 カネの流れの見方
官民合わせた「地域全体」を黒字化する

第5章 組織の活かし方
「個の力」を最大限に高める

本書は「東洋経済オンライン」の連載「地方創生のリアル」に大幅に加筆し、再編集したものです。

第1章

ネタの選び方

「何に取り組むか」を正しく決める

失敗する地域活性化は、そもそも「ネタ選び」の段階で大きな問題が発生しています。

多くの地域が行うネタ選びは、「成功事例探し」から始まります。その時々で話題になっている先進地域に視察に行って、「うちの地域でも同じような取り組みをしてみよう」という話になって盛り上がります。他の地域で成功している事例が、自分の地域にも効果がある、まるで特効薬のように見えるわけですが、そんなんで成功できるのであれば、誰も苦労はしないわけです。

私が携わる地域事業で視察見学をすべて有料にしているのは、視察見学はほぼ意味がないと思っているからです。2時間くらい現場を視察しただけで、自分の地域で再現して成功する確率なんて、正直「0％」です。素人が自動車工場を視察して、自宅に帰って車をつくれるかという話です（笑）。

そもそも地域活性化とは「どこでもやっていることに取り組むこと」ではなく、「他でやっていない、しかし自分たちの地域だけでできることに取り組むこと」です。

実際に地域活性化で「何に取り組むのか」を決めるときに重要なのは、まずは「何が自分たちの地域の課題なのか」を認識し、自分たち活性化事業に携わるチームが「何から取り組めるのか」という視点でネタを選ぶことです。

つまり、他の成功事例を見る前に「自分たちの地域の課題は何か」を明確に認識し、さらに自分たちのチームは「週にどの程度労力を割けるのか」「いくらずつこの事業に資金を出せるのか」というリアルな話を詰めなくてはなりません。自分たちにできることをもとにして、取り組む「ネタを選ぶ」ようにしなくてはならないわけです。たとえば「空き物件を再生し、エリアの価値を上げ、自分たちも稼げる事業をつくらなくてはならない」というのが課題だとしつつ、チームでは「３人ほどの仲間でそれぞれ10万円ずつしか出せない」という状況であれば、その中でできることを考え抜くことがスタートになります。

単にものすごい開発をしている地域や、交付金をうまいこと活用して話題になっている地域を見に行っても、何のヒントも得られません。他の地域を見る前に、自分たちの条件と向き合い、その中でできることを考え抜くことのほうが、成果を出す上で大切です。

２００８年、私は熊本市で仲間と事業を始める際に、エリア全体の活性化を目指す取り組みをしたいと考えました。しかし私たちチームが拠出できる資金は、４人で３２０万円しかありませんでした。その資金でできることを考えた結果、熊本市中心部のビルを束ねてごみ処理契約を一本化するビジネスを始めました。毎年４５０万円以上の節約効果を生み出して、その一部を次の事業の財源とすることで、今日まで事業を継続しています。このように、どこかの地域を視察せずとも、自分たちの対象地域の条件と自分たちができることをすりあわせていけば、正しい「ネタ選び」は可能なのです。

本章では地方で失敗しがちな「ネタ選び」の具体例を紹介しつつ、その防止策に迫ります。

01

ゆるキャラ

大の大人が税金でやることか？

地元経済の「改善」に真正面から向き合おう

さて、昨今盛り上がっている地域活性化のネタとして、**「ゆるキャラ」**を取り上げないわけにはいきません。

自治体が中心となって取り組んでいるゆるキャラは総数で2000を超えていると言われ、2015年の「ゆるキャラグランプリ」にエントリーした「ご当地ゆるキャラ」だけでも、1092体に達しています。

特にくまモンが出てきて以降は大変な人気なわけですが、「そもそも論」として、**大の大人たちが集まって、税金をブチ込んでやるような経済政策なのか**という疑問符がつくわけです。

図表1-1 「ゆるキャラグランプリ」エントリー数の推移と歴代グランプリキャラ

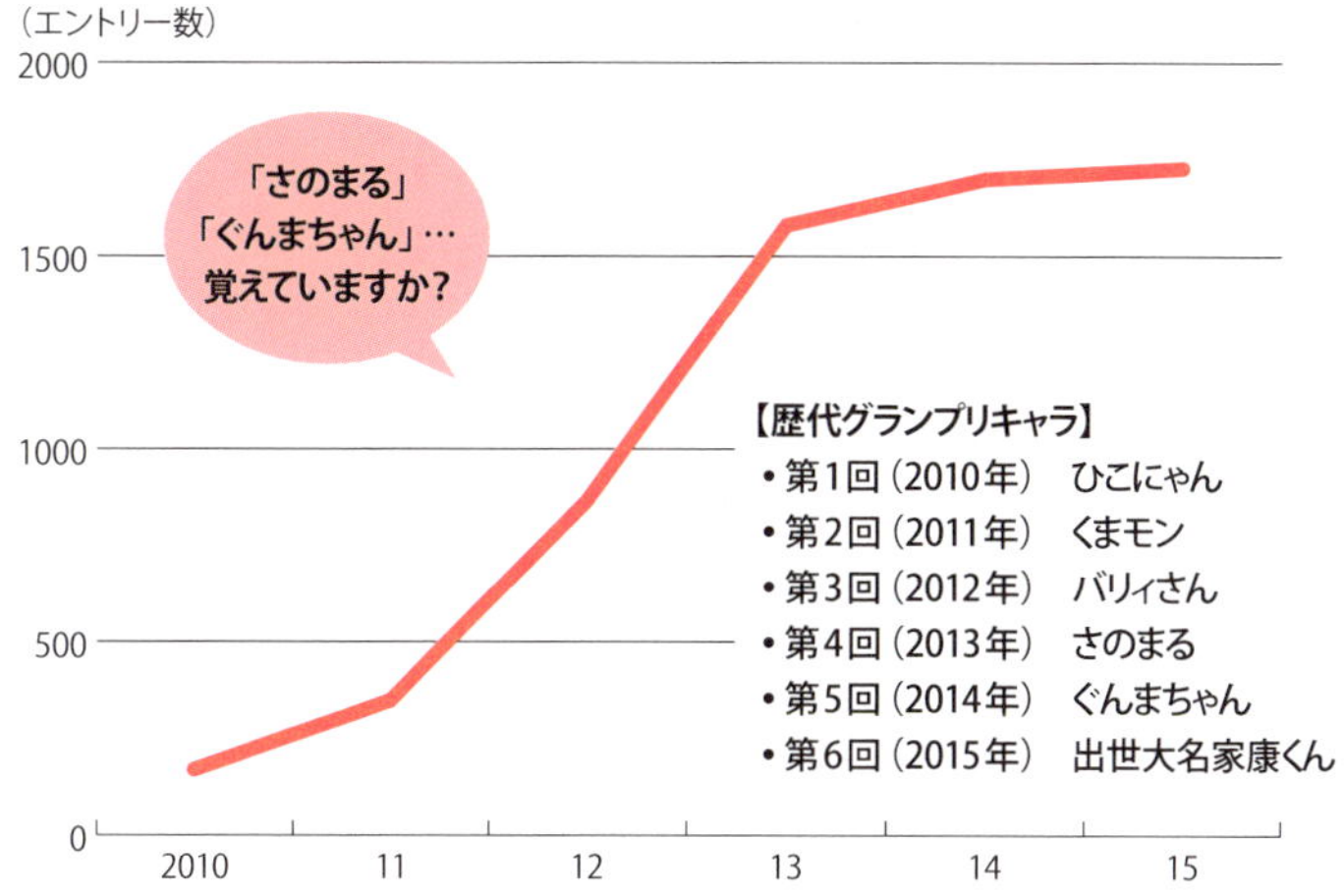

（出所）「ゆるキャラグランプリ オフィシャルウェブサイト」より筆者作成

なぜ「ゆるキャラ」は人気になったのか

昔から地域のマスコットキャラというものは存在していましたが、彦根市のゆるキャラ「ひこにゃん」が話題を呼び、さらに2010年からは「ゆるキャラグランプリ」がスタート。これをきっかけに、全国各地で「ゆるキャラ」が続々と投入され、人気競争をするようになりました。

そして、第2回ゆるキャラグランプリで熊本県が取り組む「くまモン」が1位となった後、人気が一気に高まります（図表1－1）。ひこにゃんとは異なり、くまモンはその権利活用が大変容易なため、関連グッズが大量に投入されるなどし、その人気に拍車がかかったのです。熊本県も政策予算の妥当性を訴えるために、地元日銀支店が発表したレポートなどをもとにして「経済効果」を謳うようになり、全国で「ゆるキャラは地域政策になる」という話がより強化されていきました。

【ゆるキャラの理屈】
自治体が予算をかけてゆるキャラをつくる
↓自治体が予算をかけてPRを展開、ゆるキャラグランプリで優勝する
↓ゆるキャラ目当ての観光・商品需要が発生し、地元の認知度が向上して活性化する

このようなプロセスを横で見ていた全国自治体は、「おらがまちでも実現したい」と思いたち、多額の予算をかけて互いのゆるキャラを競わせるという、まったくゆるくない闘いが巻き起こっていくことになりました。

▼ゆるキャラは、税金をブチ込んでまでする経済政策か

読者の皆さんからは、「何を言っているんだ、グッズ販売や観光振興などに、大いに役立っているじゃないか」との反論もあると思います。

たしかに、一部のキャラクター商品を販売する企業などにとっては、プラス効果はあるかもしれません。しかし、効果全体を考えると、プラスだけでなく、**それらの関連商品に追いやられて売り場に置かれなくなる、売れなくなる商品もある**わけですから、マイナス効果も少なからずあります。つまり、**新たなゆるキャラ商品による売上が、既存商品の売上を食っているという構造**です。

ましてや、ゆるキャラのグッズの多くは、「独自のオリジナルな製品」などが革新的に開発されたわけでは、必ずしもありません。単に「携帯カバー」にキャラクターをつけたり、地元のおまんじゅうにキャラクターをつけたり、地元の売れている酒にキャラクターをつけたりと、既存商品のパッケージデザインを変えているだけのものが多数あります。

事業の活性化の「プラス効果」部分だけを見ると、地域活性化の実像は見えにくくなっていくのです。

▼経済効果という「ワナ」にハマるな

ゆるキャラなどによる地域活性化に対する希薄な効果を、それっぽく見えるように支えているもののひとつとして、「経済効果」というキーワードが挙げられると思います。「これだけ経済的な効果がありました」などと言いながら、事業を肯定化するわけですが、**この数字の根拠は怪しい**と言わざるをえません。ゆるキャラ関連だけではなく、常々、世の中で毎度数百億円、数千億円と宣伝される「経済効果」がまともに実体経済に波及して、成長につながっていれば、日本の経済成長は万々歳なわけですが、必ずしもそうなっていません。地域活性化分野の経済効果も、注意して見ないといけないわけです。

「経済効果」というものは、かなり勘違いされています。経済効果○○億円と言われると、この世に存在しなかった○○億円の経済が新たに発生した＝純増したかのように皆がとらえ、メディアも公表します。

しかしながら、**それは真っ赤なウソ**。

たとえば、ゆるキャラの経済効果の問題点を整理すれば、図表1-2のようになります。

つまり、経済効果では「プラス効果」だけを抽出してカウントするのですが、実態経済

図表1-2　キャラクター経済効果の問題

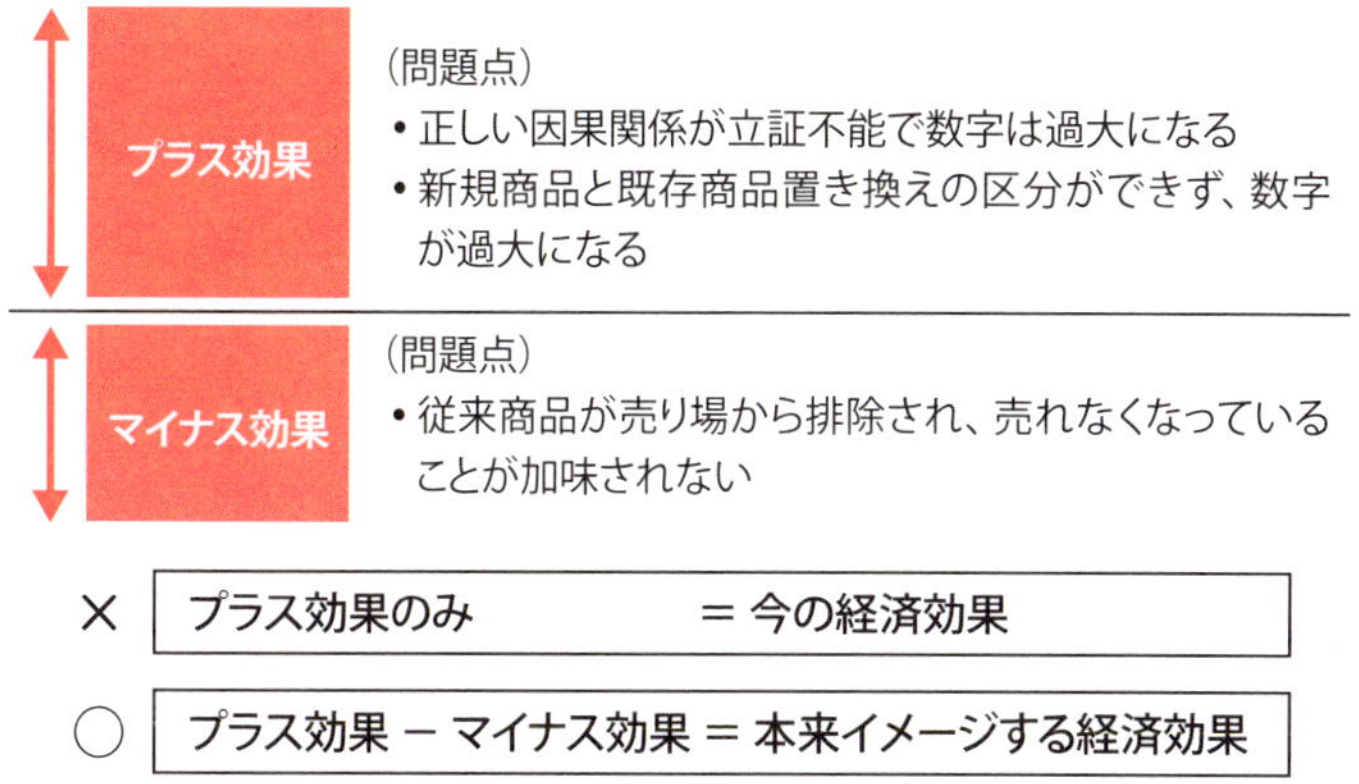
プラス効果
（問題点）
・正しい因果関係が立証不能で数字は過大になる
・新規商品と既存商品置き換えの区分ができず、数字が過大になる
マイナス効果
（問題点）
・従来商品が売り場から排除され、売れなくなっていることが加味されない
× プラス効果のみ ＝ 今の経済効果
○ プラス効果 － マイナス効果 ＝ 本来イメージする経済効果

はそれほど単純ではありません。**何かが伸びれば何かが減るというトレードオフの問題**と、さらに**何かが伸びるとしても青天井ではないという供給のボトルネックが存在するという問題**の２つがあります。

たとえば、そもそもお土産屋でゆるキャラ関連商品をおけば、その分もともとおいてあった商品は押し出されます。つまりはゆるキャラ関連商品が１００万円売れるようになっても、その分、別の商品は店頭に並ばなくなるわけです。その並ばなくなった商品の売上がもし80万円だったとすれば、増加したのは20万円にすぎないわけです。

また宿泊施設も、観光客が増加し続ければ、地域の観光消費額が増加し続けるかといえば、そんなことはありません。宿泊施設の部屋数が

3000室しかなく、すべてがツイン仕様だと仮定してみましょう。6000人しか泊まれないところに、何か大きなイベントがあって一気に1万人の観光客が訪れたとしても、泊まれないわけです。となれば、1泊2日を前提としたひとりあたり観光消費額は、あふれた人には期待できません。さらに、観光客がもし6000人泊まってしまえば、平常時に泊まっていたビジネスマンが押し出されるため、そのビジネス客の消費は落ち込みます。

このように、**何事にも制約があるため、単に人気になればいい、人が来てくればいい、というわけではない**のです。

しかし、ゆるキャラ政策評価は、そのあたりを無視した「経済効果」で評価されています。

▼くまモンの経済効果は本当？

たとえば「くまモン」の場合には、日銀の熊本支店が気を利かせたのか、2013年末に「1000億円超の経済効果」と謳いました。しかしながら、数字の根拠を見ると、「くまモンをつけた関連商品売上高」のアンケート調査が主体になっています。

前述したような実際の経済全体を見据えた上でのマイナス効果も、既存商品が置き換えられていることも考慮されず、何でもかんでも足し算してしまって効果をあげています。
こんな数字が出れば、ひとり歩きをはじめて、他の自治体も一気に「くまモンに続け！」といった具合に参入しかねません。くまモンも気の毒です。

より深刻な問題は、多くの場合、製品の技術性能やサービスの優位性などが高まった結果、より生産性の低い商品からおき換わって売れているわけではないということです。

商品改善などの地道な経営努力をせずに、「自治体におんぶにだっこ」で、ゆるキャラヒットに便乗して商品を売ろうという話が地域活性化策であるとすれば、それは筋が悪いですし、長続きはしないのではないでしょうか。

もちろん、個別の民間企業が皆でおカネを出して、ブランド形成のためにプロモーションをやるのであれば理解できます。しかし、「マスマーケティング」的な発想で、中身がスカスカなのにもかかわらず、「キャラ人気」でどうにかものを売ろうという浅はかなる取り組みを、よりによって自治体が全力で税金を使って展開してしまう。しかも、「地域活性化の切り札」とも言われてしまうわけですから、政策企画力の低下も甚だしい、と思わずにはいられません。

▼正当化されやすい「ゆるキャラ」政策

各自治体は、見せかけの経済効果を得るために財政を出動して、ゆるキャラに投資をしています。

多額の予算をかけてゆるキャラをつくり、さらにはPR動画、テレビ広告などのメディア戦略を展開。ゆるキャラグランプリでの人気投票で市役所職員にひたすら投票を働きかけたりと、全力をかけた闘いをするようになっていきました。

最近はコンテストで優勝するため、莫大な予算を広告代理店に支払っているケースさえ存在しています。これは、結局は、キャラクターを活用する民間企業と共に、プロモーターなどのビジネスプレーヤーに税金が搾取されているだけとも言えます。

冷静に考えれば、**一過性の人気商売で、さらには、まったく別の次元でガチの企業も参入してやっているキャラクタービジネス領域に、自治体が税金をブチこんで全国区で戦うということ自体、まったく合理的ではない**わけです。稀有な一部の成功事例に引きずられて、皆でそこに参入して「2匹目のドジョウ、3匹目のドジョウ」を目指し、税金を使って「殴り合い」をやるわけです。不毛としか言いようがありません。

とはいえ、可愛らしいキャラ。相当に気持ち悪いデザインでないかぎりは、地元でのイベントに登場すれば子供たちからは大人気。また、キャラクターをパッケージに使うことで得をする地元の事業者は出てくるわけで、彼らからは支持を集めることができます。

さらに、投じる予算もハコモノ行政からすればわずかな数千万円から数億円程度。結局のところは表立った反対も起きにくいため、政策的に採用されやすいのです。

日本の自治体の財政は「火の車」であるところも少なくありません。もっと地元経済の中で改善できることが山ほどあるというのに、なぜか、外を向いて「ゆるキャラ」で激戦を繰り広げてしまうわけです。

たとえば、2014年に「財政破綻懸念」を発表した千葉県の富津市でさえ「ゆるキャラ」の取り組みをしていて、思わず「おーい、大丈夫かー」と言いたくなってしまいます。もちろん、大丈夫ではないわけですが。

▼ゆるキャラという「博打」ではなく、地元経済の「改善」と向き合え

本来は**「ゆるキャラ」なんかに予算をかけて全国区で戦う前に、地元の経済活動と向き

合うべきです。個別の商品力を高め、付加価値を上げていこうとか、地域内の遊休不動産などを活用して新規開業者を増加させるなどの地味な取り組みのほうが、地域内で雇用も生まれ、他の自治体との不毛な競争にも巻き込まれず、適切な設備投資などが促されます。

しかし、たとえば地元向けに自治体関係者が「そんな生産性の低い仕事をやめて、もっと工夫しろ」などと上から目線で言ったら、ひんしゅくを買いますよね。結局、自治体は、頑張ってキャラクターをヒットさせて、関連商品で地元企業が一時的にでも儲かれば、そっちのほうがありがたがられるわけですから、ついそっちのほうを選択してしまいがちになる、というわけです。ヒットするのは一部だけですから、**ほとんどは経費を無駄に使って終わるだけになってしまう**のですが……。

自治体が取り組む地域活性化策は、大抵はそのときに話題になっていることや、数字の根拠が必ずしもはっきりしないのに一見大きな経済効果が示されるようなネタに、集中しがちです。

しかし、**「ゆるキャラ」のように、皆で一気に参入、ガチで殴り合いをして互いに潰し合い、最後は尻すぼみで終焉を迎えることも少なくありません**。どの地域も幸せにならない「不毛なる戦い」が、毎回のように繰り広げられてしまう。そのうちに「これはもはや時代遅れ。効果がなくなった」などと言い出して、次なる不毛な戦場になる「カッ、セイ、カッ、ジ、ギョ、ウ」を探し求めていくのです。

すべてとは言いませんが、こんなことばかりを繰り返しているから、ずーっと、それこそ数十年も活性化事業に取り組んでいるはずの地方自治体の歳入はなかなか増えず、歳出だけが増加して、自治体財政が悪化していくばかりなのです。そうこうしているうちに、「自治体が破綻するー」と大騒ぎになって、「地方創生だー!!」などといった話にもなっているわけです。

「ゆるキャラ」から得られる教訓としては、少なくとも、**自治体が主導するこの手の地域活性化に期待することは、やめたほうがいい**ということなのです。地域で民間が地道に事業を積み上げていくことが、一番信用できる地域活性化であると思います。

02

特産品

なぜ「食えたもんじゃない」ものがつくられるのか?

本当に売りたければ最初に「営業」しよう

さて、もうひとつ、全国各地で取り組まれている「ネタ」の代表例が**「特産品開発」**です。その地域にある材料を活用し、商品を開発し、それが爆発的に売れれば地域が再生するという狙いで、全国で進められています。

しかし、そのような取り組みが功を奏し、地域が活性化した事例がどれだけあるかと言われれば、首をひねらざるをえません。地方に行ったときに**「先日つくった特産品です」と言われて出された商品が、食えたものではない**ことは少なくありません。

なぜそんな特産品開発がまかり通るのか。その背後には、地域が抱える問題があるのです。

▼予算型の「特産品開発」の問題点は？

一次産業が中心の地域では、「特産品」の開発がよく「地域活性化の切り札」のように言われ、自治体が地域協議会をつくって「わがまちの名産品をつくろう！」という取り組みを推進します。

たとえば「六次産業化」（農業や水産業などの一次産業が、加工（二次産業）や、流通・販売など（三次産業）にまで乗り出すこと）、「農商工連携」、最近では「ふるさと名物」なんて言葉も出てきており、実にさまざまな省庁や自治体が、特産品開発支援の予算を出しています。

では、なぜ特産品開発を行うのでしょうか。それは、**地元の原材料を加工した特産品をつくって、販売まで手掛けることができれば、原材料のまま販売するよりも儲かる**という論理です。

たとえば、ゆずをそのまま出荷するよりも、ゆずを絞ってポン酢に加工すれば、価格も上がり利益もとれます。もちろん、この論理自体は間違ってはいません。

しかし、**特産品をつくれば売れるのかといえば、そう簡単にはいかない**のです。

小売店の売り場を見ればわかるとおり、特産品だけでなく、さまざまなメーカーの商品が競合になります。そのため、商品をつくったはいいが、**「まったく売れない」どころか、「そもそも仕入れてさえもらえない」**ということも、ごく普通に起こります。

そのような中でも、特産品開発の予算はどんどん拡充されがちで、**〝予算がつくから〟商品をつくっている**というケースも出てきてしまっています。

▼地元のものなら必ず売れるのか？　特産品開発の「幻想」

こうした予算型の特産品開発では、「売れないもの」がどんどん生み出されてしまいます。それには、3つの問題点があります。

●問題点1：商品自体が間違っている

商品自体が成功商品のコピー、もしくは「流行《はや》り」に左右されてしまいがちです。たとえば、ジャム、ジュース、カレーのように、過去に他の地域で成功してコピーがしやすいものであったり、「飲む酢」のように、そのときの「流行り」のものだったりします。**補助金が必要なほど資本力がない生産者・加工者のグループであるにもかかわらず、競合の多**

い人気商品市場に参入し、埋没してしまうのです。

●問題点2：原材料が間違っている

根拠もないのに、なぜか「自分の地域のものが日本一うまい」などと勘違いし、それを前提にしてプロジェクトが進められることがあります。さらには、「従来は生産過剰で、捨てていた材料を使う」などということもあります。つまり、「売れる最終的な商品像」から原材料を選択するのではなく、「地域資源だから」といって、地元にある原材料から商品を考えてしまうのです。

●問題点3：加工技術を過信する

「新技術を導入すれば、売れる」と勘違いしてしまうことがあります。たとえば、新たな冷凍技術を導入すると意気込んで、高額の製造設備を導入するまではいいのですが、結局、小売店側から、「冷凍は冷凍だから、一段落ちるね〜」などと言われて、二束三文に買いたたかれ、設備投資の分がまるまる損になったりします。

つまり、「技術頼み」になっていて、「はたして、それは価格に転嫁することが可能なものなのか」を考えていないのです。

最も深刻な問題は、こうした商品、材料、技術の「3つの選択」をする場合、結局、具体的な商品像が曖昧なために、整合性がないことです。

その結果、たとえば「地元の玉ねぎを使った焼酎」とか、「変な色の野菜を使ったカレー」とか、「売れる」「売れない」以前のレベルのものが大量発生してしまいます。私は、今まで地方に出かけていった際に、こうした「売れないもの」を何度も試食したことがありますが、「どうしてこんな商品が出てくるんだ」と、大変苦々しい気持ちになります。

▼「食えたモンじゃない」特産品が生まれるわけ

では、どうしてこのような商品が、次から次へと出てくるのでしょうか。背景には、特産品開発が、「生産者」「加工者」「公務員」が中心となった「協議会組織」を中心に行われ、**肝心の消費地の販売者や消費者がほとんど関わっていない**という、大きな構造問題があります。

つまり、**基本が「つくってから売りに行く」という流れのため、初期の段階では販売者・消費者に、あまり声をかけない**のです。

そのため、価格を決める場合も、原材料費、加工費、流通費などを計算し、生産者や加工者がほしい利益を上乗せして割り出す「コスト積み上げ型」が多く見られます。結果として、平気で「超高価格」になったりします。

もちろん、合理的な理由で高価格になっていればいいのです。しかし、**経費を積み上げた結果高価格になっただけというのは、「作り手」の勝手な都合であって、売ってくれる側や、買う消費者側にとっては受け入れられない話**です。販売者も消費者も不在のまま。これでは、売れるはずはありません。

そうすると、なんと、商品が高価格になったときの解決方法として**「東京や、海外にいる富裕層に販売しよう」**という話になったりします。ウソのような本当の話です。

かくいう私にも、そんな苦い経験があります。かつてある地域の特産品開発の協議会組織にかかわったときのこと。世の中で「飲む酢」がブームになった時期で、その地域でも名産の果物からつくった酢を、割高な価格設定で大々的に売り出そうという話になりました。

そんなに簡単なものではないと確信した私は、昔から馴染みのある早稲田商店会の店にお願いして、舌の肥えた常連客の方々を対象に調査してみました。

割高なので、普段一般的な酢を買っている消費者は見向きもしません。興味を持ってくださるのは高級な酢を使っている消費者だけです。しかし、そのような消費者はさすがに世界中の酢を知っていて、その反応には容赦がありません。「この手の酢なら、北欧産の○○のほうが美味しい」「飲むには酸度が高すぎる」「ボトルのデザインを変えるべき」など、厳しいフィードバックを多数いただきました。

このように、商品自体が富裕層に向けたものではない特産品を、単純に高値にするだけでは、つくり手より知識のある「舌の肥えた富裕層」に売れるはずはないのです。

一方で、「高すぎて売れないのでは」と弱気になると、**補助金を使って、各種経費を補助で減額して、見せかけの「安値」で販売するケース**も後を絶ちません。そして、補助金が切れたら普通に値上げをしてしまい、当然、売れなくなる。

「協議会組織」の会議の行方によって価格決定がブレるわけですが、その理由は、商品化の意思決定を行う際、責任者が事業上の合理的判断で行うのではなく、**「協議会に参加する人たちの合議」を基本としている**ことにも起因しています。

地方自治体からの依頼などを受けて、特産品の取り扱いをした販売店などは、そのようにブレまくる地方の特産品開発に振り回されて疲れ果ててしまった経験を少なからず持っています。

たとえば、前述のような補助金切れによる「突然の値上げ」は、まだマシなほうかもしれません。最悪の場合には年度末になって予算がつきてしまい、急に製造終了になったり、販売委託をしていた場合などは、「補助金減額」を理由に、急に支払いが中断されたりすることもあったりします。

「予算事業の世界の理屈」は、普通に商売をしている販売店にはまったく通用しません。そのような対応をしていると、販売店に「二度と取引したくない」と思わせてしまうのです。

▼特産品開発に必要なのは「予算」ではなく「営業」

このような中、実は「特産品」を開発する際に、参考になるケースがあります。

それが「東京八百屋の会」という組織の取り組みです。東京都内の小さな「3軒の八百屋さん」が集まったものですが、実は、補助金ゼロで、「自分たちの販売力」をもとに、生産者と連携した独自の「特産品開発」が行われているのです。

具体的に、どんなことをやっているのでしょうか。2014年に行われたのは、それぞ

東京八百屋の会

東京八百屋の会は、補助金ゼロで「自分たちの販売力」をもとに、生産者と連携した「特産品開発」で成功している

れの八百屋さんの店舗で30人×3＝90人の「お客様モニター」を募集して、試作品を試食してもらうことです。

それを通じて商品を決定。その後は各店舗が**「販売数を約束」**（これが大事です！）して、生産地に発注、売れ行きに応じて、追加で発注をしていくという方法です。

第1弾として高知の生産者との連携のもとつくった「みょうがピクルス」は、販売も絶好調。需要に対応し切れないほどになっていました。

このケースを見ても明らかなとおり、**特産品開発に必要なのは「予算」ではなく、「営業」**です。

「東京八百屋の会」のような小さな店舗

グループでも、自分の店の顧客に確実な営業が可能だからこそ、生産地と連携した特産品開発が成立するわけです。

営業力を持った販売店が最初から連携し、販売できる商品を、生産者と共につくり上げていく。決まった数の販売を契約で約束してくれるため、生産者にとってはリスクも少なく、販売店が商品企画から実際の顧客でのモニタリングもするため、受け入れられればすぐに販売に結びつく。そして販売実績に基づいて、徐々に製造数を増加させていく。**最初から行政予算が入っていないからこそ、すべてが「自然の流れ」となり、無理なく継続できる**わけです。

従来のように、「予算の力」で進める「内輪受けの商品開発」と、身勝手な取引を要求することばかりが先行する方法では、地方を活性化するどころか、地方の信用をなくしかねません。これからは営業が先を走り、市場と向き合いながら確実に改善を繰り返して販売数を増加させていく、地方の繁栄につながる特産品開発が求められています。

03

地域ブランド

凡庸な地域と商材で挑む無謀

売り時、売り先、売り物を変え続けよう

特産品開発は、予算をあてにして売れない商品をつくって終わりということに留まらず、昨今では「地域ブランド」という取り組みへと発展しています。売れない特産品も「地域ブランド」をつけて売れば売れるのではないか、という話なわけです。**ただでさえ売れない商品がなぜ「ブランド」になるかは極めて不明**ですが、その不思議がまかり通るのが地域活性化分野でもあります。

売れない商品が急に「地域」を打ち出したブランドになって売れる、というのは何とも怪しい儲け話のようですが、これまた2006年からスタートした地域団体商標制度をひとつのきっかけに、「地域ブランド」の取り組みが、全国に広がっています（図表1－3）。

実際、米沢牛、大間まぐろ、といった伝統的に定着し、成果をあげる地域ブランドが商標登録される一方、**玉石混交の「なんちゃって地域ブランド」活動が多数、発生**しています。

図表1-3　地域団体商標の登録件数と出願件数（2016年3月31日時点）

自分の住んでいる都道府県を見てください。これだけの「地域ブランド」を、思い浮かべることができますか？

	登録件数	出願件数
北海道	27	51
青森	9	18
岩手	5	10
宮城	6	14
秋田	9	16
山形	10	22
福島	4	15
茨城	2	7
栃木	8	10
群馬	9	13
埼玉	5	11
千葉	14	24
東京	17	32
神奈川	8	19
新潟	12	34
長野	8	29
山梨	5	12
静岡	21	35
愛知	15	34
岐阜	29	42
三重	15	28
富山	9	15
石川	28	41
福井	16	24
滋賀	10	28

	登録件数	出願件数
京都	62	150
大阪	11	15
兵庫	35	63
奈良	11	15
和歌山	13	17
鳥取	6	6
島根	7	12
岡山	6	12
広島	14	26
山口	6	9
香川	5	7
徳島	6	8
高知	5	9
愛媛	11	17
福岡	17	27
佐賀	7	9
長崎	8	18
熊本	12	19
大分	12	15
宮崎	7	18
鹿児島	14	23
沖縄	15	42
海外	3	9

（出所）特許庁資料より筆者作成

一部の成功事例をネタに地元団体とコンサルタントが組んで、補助金目的で取り組み、結局は頓挫する。そんなことが繰り返されています。

「地域ブランド化」で陥りやすいワナ

そもそも大抵の地域において、いきなり地域ブランド化を進めるのは合理的ではありません。失敗する背景には、主として3つの理由があります。

●理由1：ブランド化に適さない凡庸な「地域」と「商材」

地域ブランドは「一定の知名度のある地域」と「特徴ある商材」がセットになることによって、成立します。

そもそも名前だけで地域の特性やストーリーを誰もがイメージでき、価値が上がるブランド力を持つ地域は、それほど多くはありません。多くの地域でブランド化したいと思っている肉や魚、貝、コメ、水といった商材、はたまた山や田畑、海や川といった観光資源は、日本中を見渡せば似たようなもの・場所が多数存在しています。

その地域がダメだと言いたいわけではありません。ただ、凡庸な地域と商品のまま、わざわざ「地域ブランド」による地域活性化を目指すこと自体が、打ち手として適切ではないということです。

●理由2：コンサルタント頼みでは「汎用地域ブランド」しか生まれない

さらに地域ブランドを推進する農協や商工会なども、自分たちで考え、自分たちで資金調達し、投資して行うところは稀有です。そのほとんどは、**国や自治体の補助金を活用し、さらにコンサルタント頼みでその計画を進めます**。

そして、外部からきた名ばかりコンサルタントは、自分の仕事にするために「こんな美味しいもの、きれいな景色は絶対にブランドになる」と褒め称え、地域ブランド開発がスタートしてしまいます。ここで、どこの地域も同じような「地域ブランド7点セット」が登場します。

(1) よく聞くウリ文句（日本一の○○）
(2) いい加減な地域商材選定
(3) 何となく地域の名前を使ったブランド名
(4) それっぽくデザインされたロゴ

（5）きれいな写真を使った大型ポスター
（6）中身のないスタイリッシュなWEBサイト
（7）東京の一等地でのイベント

同じようなプロセスを経て、どこの地域も同じような農作物を使った商品や観光商品が出てきます。**高付加価値のブランド化を目指したはずが、日本中が同じようなプロセスで、汎用品をつくり出してしまう**。結果、地元の道の駅くらいでしかおいてくれなかったりするわけです。

そして、予算の終わりと共にコンサルタントも去り、「自称・地域ブランド」は使い捨てられていきます。

●理由3：資源不足なのに難易度の高い方法に取り組む非合理

そもそも**ブランド形成は、極めて難易度の高いマーケティング手法**です。

他と違いを出す方法として、商品自体、価格設定、サービス、ブランド、という4つの方法があります。その中でも、ブランド差別化は顧客に対して特別な感覚を抱かせ、他の商品より積極的に購入したいと思わせるような、極めて定性的な無形資産を形成しなくてはならず、時間も労力も必要とする難しい方法です。大企業が巨額の投資をしても一朝一夕にブランドは形成されず、そして維持し続けることはさらに難しいことからも、それはよくわかります。

▼ブランド化より重要な付加価値向上策

衰退局面でヒト・モノ・カネの資源が慢性的に不足している地方で活性化を目指す策として、時間も予算もかかり、難易度の高いブランド化をいきなり選択すること自体が、まったく合理的ではありません。

まずは**自分たちの売り方、つくり方に変化を生み出すことによる付加価値向上策を模索する**ほうが、ずっと重要です。2つほど実例を見てみましょう。

●向上例1：皆が売らない時期に売る

商品の価値を高める上で、**「皆が売っていないときに売る」**方法があります。地方の魚介類を全国の漁場から地方空港を経て空輸で羽田空港に集め、都内や海外にも販売している「羽田市場」を活用した地方漁業の取り組みは好例です。

年末年始は家族や友達と集まり、パーティなどで魚の消費量も増えるわけですが、卸売市場は閉まっており、新しい魚が流通しません。そこで羽田市場では年末年始返上で、地方の漁師と連携して地方空港からとれたての魚を空輸し、東京の百貨店などで販売。空輸のため、その日の朝とれた魚が夕方には都内に並びます。これが大人気となり、高値で取引されます。

地方の漁師も高い魚価で取引ができるため、やる気になっています。熱心な漁師は血抜きをし、氷詰めを細かく行うなど商品自体の改善にも取り組み、自分の名前を入れたチラシもつける。名前が顧客にまで伝わることで、フェイスブックで連絡がきて、指名買いにまで発展しています。

新たな流通システムに対応し、皆が売らないときに売ることで、地方商品の付加価値を高める。**ブランド化よりよっぽど道筋がハッキリした打ち手**です。

●向上例2：お店の特定メニューに最適な品種をつくって売る

独自の農園経営で有名な、久松農園さんも好例です。

一般的な市場流通品種をつくって市場で売るのではなく、先回りで取引先となる飲食店を開拓。さらに、その飲食店のシェフが考案するメニューに合わせて最適な野菜品種を選定し、作付けをする工夫をされています。

レタスひとつとっても、大量生産されている一般品種を少量つくっても儲からない。しかし、取引している飲食店が冬に出すメニューである「レタス鍋」に適した、熱を加えると美味くなるレタスをつくれば、競争力が生まれます。他にはない飲食店にプラスとなる価値を提供し、農作物の価値を上げています。

そして、これらの取り組みは、**実績をあげているだけでなく、個別に「ブランド」を生み出しています**。ブランドづくりから入るのではなく、顧客に対応して流通を変え、商品さえも変え、顧客との関係も組み替える。結果、顧客からの熱烈な支持を集め、信用が拡大し、他ではない安心感、特別感へとつながっています。

ブランドがあるから商品が売れるのではなく、商売の結果としてブランドが形成される。これらの事例を見ると、ブランドとはすなわち、日々の積み重ねの上に成り立つ結果だと気づかされます。

自分たちは何も変わらず、単に補助金を使ったブランド化で一発逆転、だなんて都合のよい話はありません。まずは地方生産者とその関係者が、積極的に時代の変化に対応するか、しないかが問われています。

04

プレミアム商品券

なぜ他地域と「まったく同じこと」をするのか？

「万能より特化」で地方を救おう

ネタ選びに関しての問題は、選ぶネタそのものの内容だけでなく、47都道府県、約1800の自治体の皆が「同じネタ」を選んで、横並びの取り組みをするという問題もあります。多くの地域は、自分でネタを考える力がないため、これまで述べてきたような「ゆるキャラ」「特産品開発」「地域ブランド開発」などといった、国が予算を用意し、たくさんの地域で前例があるものを選択します。結果として、どこでも同じ事業に取り組むという奇っ怪なことが始まります。

残念ながら、国や自治体のこうした「横並び構造」はいまだに強いです。

その横並び構造が顕著に見えた事例のひとつが、「はじめに」でも言及した「プレミアム商品券」です。

時事通信などのメディアも詳しく報じているとおり、政府が地方創生に関連する交付金を配る際、プレミアム商品券というメニューを提示した途端に、1739市区町村と30都道府県から、プレミアム商品券を実施するという計画が出されました。

このときの市町村数は1741ですから、**ほぼ100%と言っていい自治体で展開されるわけです。**プレミアム商品券に類似する旅行商品の割り引き事業もまた、東京都を含めた47道府県で取り組まれます。

プレミアム商品券の是非の議論はさておき、国から方針が出された途端、「他の自治体に出し抜かれるな!」というような話になり、全国で同じことを実施することになったわけです。

どうやって特化したコンテンツをつくるか

かつては、商業系の販売促進事業は、商店街の会費などを通じて、民間主導で実施されていました。

一部の商店街でしかやっていなかったからこそ、周辺からも通常以上に顧客の流入があり、各店舗でプレミアム分の負担を超えるだけの売上の伸びがあり、結果として地域に利益がもたらされたわけです。しかし、このような方法は拡大経済的な薄利多売時代に流行したやり方です。現代のような縮小社会では消耗戦にしかなりません。

そんな薄利多売の販促手法を、いつの日からか自治体が補助金で支援するようになり、そしてついに、全国一律で税金を投じる国策として実行されるようになってしまいました。これは緊急経済対策ではあるかもしれません。しかし、地域活性化の効果は望めなくなりました。

なぜならば、全国でやっている「プレミアム商品券」という名の値引きをしても、それは平均点をとるだけだからです。どこでも同じことをやるわけですから、あえてその地域を選択してもらえる理由はなくなりました。

今の地域に必要なのは、限られた一部の人たちに熱烈に支持される、突出したコンテンツを用意することです。

実際に、他地域にはない、地元の持つ「人材」や「環境変化」に適合した絞り込みを行って、「突出したウリ」をつくり出す取り組みで成果を収めているケースがあります。こうした成功地域では、いたずらに割り引きするのではなく、むしろ高付加価値（高価格）の方向へと舵を切っています。ここでは人材や環境変化に適合した「絞り込み」を行っている2

つのケースを紹介しましょう。

●ケース1：バレーの有名指導者がつくった民間体育館

まずは、地元の持つ優れた人材に適合した絞り込みで成功しているケースからご紹介しましょう。岩手県紫波町（盛岡から南へ電車で約20分）のオガールエリアです。同エリアには、民間資金だけで建てられた「オガールアリーナ」というバレーボール専用練習体育館があります。

オガールの成功にはいくつも要因がありますが、なぜ「地元人材に適合した絞り込み」で成功していると言えるのでしょうか。

まず、絞り込みを行う上で注意すべきは「他でこういう分野に特化した取り組みが成果をあげた」などといったことをパクって、その上で絞り込みをしても無意味ということです。それこそ横並びモデルの踏襲です。

重要なのは、絞り込みは、いわば「内発的な資源」に基づいて行われなくてはならないということです。

全国一律に税金で整備されてきた体育館の多くは、どんな競技でも使える反面、どんな競技にも最適ではない多目的体育館ばかりです。

しかし、オガールアリーナは、コートの仕様などにバレーボールの国際基準に適合した特殊設計を施し、特化しました。さらに、客席をつくらず、サーブのフォームをチェックするためのカメラを設置するなど、試合をする施設ではなく、練習専用に特化したものになっています。その結果、岩手県紫波町という相対的に不利な立地にもかかわらず、なんと全国各地の中学生からプロまでの練習需要を取り込み、フル稼働しています。さらにその集客を活かして、合宿施設として併設したビジネスホテルの稼働率も高めています。

これは、同施設の社長も務める地元出身の岡崎正信氏が、バレーボールの指導者も務め、プロチームを含めて多方面に営業ができる人材だからこそ成立している絞り込みです。人材の営業力をベースにして特化型施設にすることで、多目的施設よりも多くの人を全国から集めることに成功しています。

●ケース２：ターゲットをサイクリストに絞ったホテル

次に、環境変化に適合して絞り込みを行っているケースをご紹介しましょう。ここでは観光ビジネスで成功している、広島県のある複合施設を取り上げます。

ONOMICHI U2

広島県の県営倉庫を借りてホテルやレストランなどを運営する「ONOMICHI U2」。自転車で旅する「サイクリスト」だけでなく、多くの顧客でにぎわう

地方の観光を売り出す場合、たしかに「ウチのまちは○○のまち」という江戸時代から続く伝統的な文脈も大切です。しかし、それに固執しているだけでは、横並びモデルの踏襲です。なぜならば、**地元の歴史や昔話をもとにした観光事業はどこにでもある**からです。

では、どうしたら独自の取り組みができるでしょうか。

昨今、広島県と愛媛県を結ぶ「しまなみ海道」には、世界中からサイクリストが集まるようになっています。このような、新たな環境の変化を感じ取り、広島県尾道市にできたのが「ONOMICHI U2」という複合施設です。県営の倉庫を借りて活用し、地元若手経営者が設立した会社が、ホテル・レストランなどを経営しています。

ONOMICHI U2の中核施設であるサイクリストホテル「HOTEL CYCLE」の特徴は、自転車を持ったままチェックインができ、客室まで持ち込めることです。サイクリストの方々が持つ自転車は、カスタムされた高価なものが多いため、部屋に持って入りたいという特化型ニーズがあり、そこに遊び心も加えてやっています。

過去を振り向くだけではなく、**未来に向けて地域の変化の兆しを感じ取り、絞り込みをしたことで、従来とはまったく異なる優位性を地域にもたらしています**。

▼「国から地方自治体へ」では、すでに限界？

このように地域の人材や環境に合わせた絞り込みを独自に行い、民間主導で進められる取り組みが、地域に大きな変化を生み出す事例が増えています。

しかも、オガールアリーナ、ONOMICHI U2のいずれも、地域の40代の中堅経営者人材が主体となり、自分たちで経営しています。さらに地域の外からのおカネという意味での「外貨」を獲得でき、個々のビジネスとして立派に成立しています。両者とも、**地域の「稼ぎ」を増やすことに貢献するというパブリックマインドを持ち、自らも儲けるという民間**

事業です。従来の活性化事業とは一線を画します。

だからこそ、値引きで量を追求するのではなく、むしろ付加価値をつけ、周辺ビジネスをセットで展開する方向にあります。

地方活性化のバトンは「国から地方自治体へ」ではなく、地方自治体を飛び越えて地方の中堅・若手の経営者人材へと渡されることが必要かもしれない、そう考えさせられます。

読者の皆さんの地元にも、必ずこのような中堅人材がいます。横並び構造から抜け出し、「内発的」な絞り込みによる事業に取り組んではいかがでしょうか。

05

ビジネスプランコンペ

他力本願のアイデアではうまくいかない
成功するためには「すぐに」「自分で」始めよう

「ネタ選び」に困った地方は、そもそもの「ネタ」を皆に考えてもらうこと自体を活性化政策にすることがあります。

地方の再生や活性化に欠かせない新規事業を考えてもらい、そのアイデアを競わせる「ビジネスプランコンペティション（ビジネスコンペ）」を開催するという地域活性化事業が、昨今、各地で見られます。一見すれば「アイデアを募集して、優れていると判断されるものに取り組めば地域は活性化する」と思いがちですが、**そう単純ではありません**。

そもそも地方が衰退する状況を打破するためには、まずは縮小している既存事業を立て直すことが重要です。しかし、それだけでなく、新たな事業を立ち上げ「稼ぐ仕組み」をつくり、域外からの収入を上げたり、雇用も増やしていこうという意欲的な取り組みもまた必要です。

ビジネスコンペによるアイデア集めは、農林水産業、工業、商業といったさまざまな分野で横断的に行われていますが、なかなか軌道に乗りません。その理由として、**地域における新規事業を潰す「見えない壁」が多く存在している**ことがあります。ここでは、どの地域でも見られる、代表的な「3つの壁」を解説します。

▼「聞いてない」「わからない」——関係ない人がつくる壁

●見えない壁1：周囲のダメ出し合戦

ビジネスコンペに限った話ではないですが、地域で新しい事業をする際には、初期段階でさまざまな反応が出ます。周囲がすぐにその新しい取り組みに気づき、実はまったく事業に関係ない人まで、反応を示したりします。ある人は「聞いていない」と言い出したり、説明をすると「こんな事業はわけがわからない」とダメ出しもします。

こうした声を無視すると、今度は「あの事業はうまくいかないよ」などと丁寧に悪い噂まで広げてくださったりします。**「不必要な御意見番」**がたくさん出るのです。

このように、地域での事業で厄介なのは、事業に直接的に関係するステイクホルダー（利害関係者）だけでなく、その外にいて**リスクも負わず、事業の影響を特段受けるわけでもない人まで、「連絡」と「理解」を求めたりする**ことです。

これが小さいようで、実は大きな壁です。結局は、衰退している地域で、ひとことモノ申したいだけだったりしますが、**新規事業の初期段階では、そんなことにいちいち対応している余裕はありません**。

本来、新規事業は、初期段階でできるだけ事業に集中しなくては、成果など生まれません。しかし、地域では直接事業に関係ない人からさまざまな邪魔が入ります。時には親切を装っていたりさえするから厄介です。

この最初の段階をうまくやり過ごさないと、事業がどんどん歪んでいき、遅延していき、挑戦することがないままに潰れてしまうことも多々あります。

●見えない壁2：審査する能力のある人がいない

ビジネスコンペ自体にも、問題があります。ビジネスコンペの多くは、地域で新たな事業を考える若者たちなどを集め、計画案をプレゼンさせ、審査委員が審査、お眼鏡にかなったプランには賞金や補助金が提供されるという取り組みで、全国各地で行われています。

一見すればすばらしい取り組みのようですが、そうとも言えません。

審査委員は衰退している商店街の商店主や融資審査をしている地元金融機関の担当者、自治体の商業政策担当者、地元大学の先生、よくわからないコンサルタントなどが中心で、**新規事業を自分で立ち上げ、軌道に乗せてきた人たちではない**場合が多くあります。

そのような人々が集まり、新規事業を審査して、その審査にどこまで意味があるというのでしょうか。**そんな予算と能力があるなら、審査委員たちがまず事業をやって見せたほうがよい**でしょう。事業で重要なのは、計画を机上で戦わせることではなく、結果を戦わせることです。審査することではなく、自ら前を走ることです。

●見えない壁3：評価されても、されなくても問題を抱える

さらに困ったことに、こうしたビジネスコンペに参加する人たちは、**実はビジネスコンペにおいて評価されても、評価されなくても、どちらに転んでも問題を抱える**ことになります。

まず、運悪く落選した人は、せっかく地域で挑戦しようと思っても、このプレゼンによって、**挑戦する前から「あいつはダメな計画を立てたやつ」と烙印を押されてしまいます**。

また、審査で評価された人たちにも問題が降りかかります。事実上、**何の挑戦もしていない段階からプレゼン能力などで優勝賞金をもらったり、初めて行う事業なのに最初から補助金漬けにさせられてしまう**のです。

実は、最近では、応募者不足に悩むビジネスコンペでは、学生や若者などを勝手に指名しては計画を立てさせ、実践する前から審査して潰してしまったり、はたまた補助金漬けにしてしまう、「魔女狩り」に近いものになっているケースもあります。実践しない大人たちが集まり、若者たちに新規事業を無理やりやらせようとして、潰すこと自体が意味不明です。

このようなことを繰り返していると、**新規事業を正常に立ち上げていく力が地域から失われていきます**。その地域には、新しい事業を試す前から潰してしまう壁がどんどん出現していきます。

そもそも地域の新規事業で何が当たるかなど、事前にわかるわけがありません。**まずは始めてみて、それを軌道修正しながら成果をあげていくしかない**のです。いちいち計画段階で「議論」すること自体がナンセンスです。

地域の新規事業とは、巨額を要する工場を建設するわけではなく、まずは数十万円程度で試しにやってみることができる類のものが多いのです。こうした小規模事業を始める前に、皆で議論するのに数百万円もの予算をかけ、皆の労力を割くこと自体が滑稽です。

▼周囲の評価など気にしない人が成功している

本気で事業に挑戦する人は、そもそもビジネスコンペなどには参加せず、すぐにやり始めます。**これから事業を始める人は下手な審査など受けずに、まずはさっさと自分でやる**ようにしましょう。そして、先を走って地域で実績をあげている事業家と話をするようにしましょう。

実際に地域において新たな事業で実績をあげている人たちは、**初期の非難をたくみにかわしつつ、くだらないビジネスコンペなどにも出場せずに、独立独歩、自ら挑戦し、試行**

錯誤しながら成果をあげています。

たとえば、石垣島のジュエリーブランド「TILLAEARTH」（ティーラアース）の平良静男社長がこうしたケースにあてはまります。今でこそ、石垣島から沖縄本島、伊勢丹本店にも進出し、2016年には東急プラザ銀座にも出店しています。しかし、石垣島に800万円もかけて小さなショップをオープンしたとき、「そんな立派な店なんか石垣では流行らない。3日で潰れる」といったことを周囲から言われたと語っています。

地元では、数百円のおみやげ販売が中心の中、高付加価値商品の製造販売などは不可能だと思っていたわけです。しかし、サンゴや太陽といった石垣島らしさを活かしたストーリー性と優れたデザインをもつ同社のジュエリーは、見事に大輪の花を咲かせ、今や全国だけでなく、その名は海外にもとどろいています。ティーラアースなどの活躍がきっかけとなって、今は石垣島からさまざまな高付加価値商品やサービスが生まれ、展開されるようになっています。

このように、地域での新規事業は初期段階ではさまざまな人から「あれやこれや」と言われますが、それらの言葉に左右されることなく、やり過ごし、仲間と共に事業に集中し、

トライ・アンド・エラーを続け、実績をあげれば、評価は後からついてきます。

　重要なのは、結果を残すことです。結果が出れば、評価は後からついてきます。特に評価は、大抵の場合、地域内ではなく地域の外から高まります。外が評価する事実をもとにして地域内での評価も高まるという構造です。この順番を常に意識しなくてはなりません。千里の道も一歩から。始める前からいたずらに値踏みなどせず、始めた後は集中し、事業をどんどん軌道修正しながら成果を出すことに専念する。これこそ、地域における取り組みで常に意識しなくてはならない鉄則です。

06

官製成功事例

全国で模倣される「偽物の成功事例」

「5つのポイント」で本物の成功を見極めよう

地域活性化の「ネタ」を探す際、多くの自治体や地域活性化に取り組む団体などは、各省庁が配布している「成功事例集」というものを手がかりにします。しかしながら、この成功事例集がかなりの曲者で、用心しなくてはなりません。

地域活性化事業の成功事例は、「民間による事例」と「行政による事例」の2つに大きく分かれます。そのうち後者は、民間の事例以上に注意しなくてはならないのです。なぜでしょうか。それはその中に、少なからず「偽物の成功事例」が隠されているからです。

▼なぜ行政は「目玉事業」をつくるのか

「行政」が新たな地域政策に取り組むときは、必ずと言っていいほど「目玉事業」をつくりたがります。なぜなら、全国の見本となり、その政策がいかに地方に必要であるかを具体的に示す材料がなければ、「そもそもそんな政策は必要なのか」という指摘を受けてしまい、予算がつかないからです。

政策の有効性を示すためにも、そうした**めぼしい政策の文脈に乗っている自治体の取り組みを選定し、重点的に税金で支援を行い、その政策がさも成功しているように見せるという方法**をとる場合があります。このときに生まれるのが「官製成功事例」なのです。

この方法の大きな問題は、**あくまで「成功」は予算投入時などの一時期だけ**ということです。その後失敗が明らかになって地域のお荷物事業になってしまい、財政的にも政治的にも、地域に大きな歪みを残してしまうことが少なくありません。

さらに、「成功事例」として取り上げてしまうことで、全国からの視察見学が集まり、「実は失敗している事業」を成功だと思い込んで、複数の地域がパクってしまいます。こうして、**「全国レベルでの失敗の連鎖」**が生み出されていきます。

▼岡山県津山市と青森県青森市はなぜ失敗したのか

では「官製成功事例」の失敗には、どんなものがあるでしょうか。典型例が、地方都市中心部の再生を目指す「中心市街地活性化」政策です。

私たちＡＩＡ（エリア・イノベーション・アライアンス）が、実は失敗している「官製成功事例」をとりまとめた「あのまち、このまち失敗事例集墓標シリーズ」から、２つの都市をご紹介したいと思います。

●失敗事例１：岡山県津山市の「アルネ津山」

ひとつ目は、岡山県津山市です。

「中心市街地活性化法」がスタートした際、津山市は「５００ｍコアのまちづくり」というコンセプトで、それこそ一世を風靡しました。このまちづくり事業のシンボルが「アルネ津山」という巨大複合施設でした。国からも支援を受け、「複合型再開発施設を中心部につくり、都市機能を集中化させることが今後の中心市街地活性化では有効である」という文脈で紹介され、全国区で成功した先進的な取り組みとして知られるようになりました。

しかし内実は、開発費が約２７０億円もかかる超巨大プロジェクトでした。当然地元の力だけでは開発できず、**国や特殊法人を通じて、出資や補助金など多額の税金が投じられた「力技施設」だった**のです。

同施設をめぐっては、開業後に工事費の未払い問題が発覚するなど、すぐに問題が露呈。

さらに当初の事業計画を大きく下回る家賃収入で施設の経営を余儀なくされた第3セクターは、開業後は赤字決算を続け、**ついには自治体による支援が必要な状況にまで経営が悪化**してしまいます。

その結果、自治体が商業施設部分の一部を買い取ることなどによる、財政支援を実行。しかし、**それがきっかけで市長がリコールされる騒ぎに発展**するなど、地域の中に政治的混乱まで生み出してしまいました。

●失敗事例2：青森県青森市の「アウガ」

もうひとつは、青森県青森市です。

青森市も、2006年の中心市街地活性化法改正時、津山市と共に「コンパクトシティ」の成功事例として取り上げられました。同市の政策における中核複合施設はアウガです。高層階部分に図書館などの公共施設を入れ、低層部分には商業施設を入れた「官民合築施設」でした。

アウガはさまざまな支援制度も活用し、約185億円を投じてつくられたものの、やはり**開業直後から家賃が当初計画に及ばない状況で赤字が続き、経営はすぐに行き詰まります**。

その結果、破綻を防ぐために、２００８年には運営会社の債権の一部を青森市が買い取るなどの経営支援策を実行。その後、本政策を推進していた市長は落選。経営再建計画を幾度となくつくり変えても業績は好転せず、債務超過に陥りながらも出口が見えない状況が続いていています。そして、ついには市長がアウガ問題を理由に辞任するとの発表に至っています。

この2都市は、一時期はさまざまな成功事例集でも紹介され、新聞各紙にも報じられ、当時は全国から視察見学が殺到していました。都市機能の集約、地方都市の再生など、いずれも「ストーリー」としては大間違いではありません。しかし、結局やっていることが「中心部での財政出動型の巨大開発」であれば、それは昭和時代のような、拡大経済期にしか通用しない方法を現代に焼きなおしてやっているにすぎません。

こうした都市の取り組みは、失敗が明らかになるにつれて、徐々にメディアなどへの露出は減っていきます。今となっては、どの成功事例集にも、メディアにも掲載されていません。もちろん、失敗事例だけがまとめられた公の資料なども存在しません。

つまり、失敗事例は、その存在そのものが事実上抹消されてしまうのです。

なぜ失敗からの学びは引き継がれず、社会でも共有されないのか

さて、深刻な問題はここからです。

これらの失敗事業による負債や、毎年多額の維持費が必要となる建物自体は、その地域から消えるわけではありません。つまり地域に残り続け、その負担は市民が負い続けなければならないのです。結局のところ、**最後に割を食っているのは、市民**です。つまり、活性化どころか、逆に地方の負担が増してしまい、地方衰退の原因のひとつになってしまうのです。実際に、青森市はアウガに200億円以上の市税を費し、それが原因で市長が2人も辞めるという政治的混乱を招いています。

さらに困ったことに、行政側では頻繁な人事異動があるため、失敗事例の引き継ぎがほとんどなされません。過去の失敗については、今の担当者の多くはよく知りません。時折、消されたはずの失敗事例を、間違って成功事例として紹介してしまうという「事故」さえ起きることがあります。

本来は失敗した事例こそ整理して、「なぜ失敗したのか」という学びと向き合う必要があります。個別の都市を批判するのではなく、**他の地域が同じ間違いを繰り返さないために**

も、過去の失敗は整理され、そのプロセスは皆で共有されるべきです。明日は我が身なのですから。

しかし、行政の立場からすると、組織と個人双方から見て過去の失敗を積極的に公表するメリットがないため、失敗事例は存在そのものを消されて（無視されて）、引き継がれないままで終わってしまいます。

現在、全国で盛んになっている地方創生政策でも、さまざまな成功事例が紹介されています。もちろん、地域の人々の長年の努力によって成果をあげている取り組みも少なくありません。しかし、その中に紛れて官製成功事例、疑似成功事例が存在しているのです。困ったことに、完全に交付金や補助金などの「力技」に依存している取り組みが、市場と向き合った地道な取り組みと同列で取り上げられていたりします。この違いを、現場で事業に取り組む人たちは、見極めなくてはなりません。

▼本物の成功と偽物の成功を見分ける「5つのポイント」

「成功事例」と「官製の見せかけの成功事例」が混在するような現状を批判したところで、

残念ながらすぐに改善される見込みはありません。とすれば、**「自己防衛」**をするほうが先決です。私は以下の5点に注目することで、紹介されている事例を判断するようにしています。

（1）初期投資が交付金・補助金のような財政中心ではなく、投資・融資を活用しているか
（2）取り組みの中核事業が、商品やサービスを通じて売上を立て、黒字決算となっているか
（3）始まってから5年以上、継続的に成果を出せているか
（4）トップがきれいなストーリーだけでなく、数字について語っているか
（5）現地に行ってみて1日定点観測して、自分の実感としても変化を感じるか

たとえば前記の（1）（2）を徹底していれば、さきほど紹介した2事例が成功事例と言われていた段階から、財政出動で開発され、さらに赤字経営を余儀なくされていたのですから、問題は見破れたわけです。これらは一見成功事例としてまかり通っている「危険な事例」を今すぐ見抜くことができる、ひとつの方法です。

私は自分で投資もしながら地方で事業をやることが多いため、誤った成功事例情報に踊らされると致命的な問題を抱えます。だからこそ、**あくまで自分で各地を回って、常に実**

態をインプットすることにしています。そして、仲間同士でその実態を共有しています。

実際に地域での取り組みを進めていれば美談ばかりではありませんし、一気に地域が再生するような劇的な取り組みもありません。地道で小さいものがほとんどです。過度に美しいストーリーで語られ、まちが一気に活性化した、といった文脈で語られるものは、疑ったほうがよいのです。そんなに簡単に地方が再生するのであれば、誰も苦労しません。

つまり、地方のさまざまな事例を見る場合には、適切に疑う力も必要です。外部の情報は疑った上で、自分は自分のまちでどうするかという考えに転じ、自ら試行錯誤で実践してみる。その実感こそが真実だと思います。

今、持続可能な地方をつくる上で大切なのは、大成功することよりも大失敗をしないことです。他の地域の成功事例に踊らされず、自分のまちでの地道な取り組みを小さく産んで少しずつ育てることに注力することこそ、重要なのです。

07

潰される成功事例

よってたかって成功者を邪魔する構造

成功地域は自らの情報で稼ごう

これまでは、衰退している地域が、全国で流行る事業の劣化コピーに取り組んだり、国が予算をつけた事業に取り組んだり、嘘だらけの成功事例集を参考にしたりすることで、さらに衰退してしまうという問題について述べてきました。

しかし、問題はそれに留まりません。**民間が努力を積み重ねて成果を収めた、全国が手本にすべき事例が、その後、潰されてしまう**という問題もあるのです。

「ある地域を活性化する」というとき、全国の自治体関係者などが注目するのは、そのときどきの「成功事例」です。厳しい環境下でも、地元の少数のチームが新たな方法を地道に積み上げ、成果を生み出す地域は必ずあります。その「サクセスストーリー」と実績は、他の地域の人々の「希望の星」になります。

しかしながら、成功事例はときに「政策の道具」として扱われ、数年のうちに使い捨てられてしまうという悲しい現実があります。「成功事例を皆に伝えるため」という大義名分で行われるさまざまな行政の施策が、実はその地域の負担となり、長期的にはその活動を衰退させていくことになりかねないのです。

▼成功事例の〝調査〟事業は、現場を疲弊させるだけ

では、成功している事業主体は、どういうプロセスで疲弊させられていくのでしょうか。

まず、地域で地道な努力を重ねながら活動を徐々に拡大させ、成果が目に見えてくると、地元紙から全国紙へとその取り組みが掲載され、多くの人が知ることになります。

その時期になると、「成功事例集に掲載させていただきたいので調査にご協力ください」といった連絡がきます。「事例集を作成する上で、必要な資料がほしい」などと言われ、資料を手渡します。後日、作成された事例解説の内容を確認し、修正を行って返送。そして、成功事例集が世に出ていきます。

すると、次から次へと、さまざまな役所の成功事例集に載せたいという話が相次ぎます。

同じ国の機関でもシンクタンクでも情報共有はされず、毎回毎回同じようなヒアリング対応に追われます。

ここで問題なのは、こうしたヒアリングに対して、基本的に**調査協力費などは支払われない**ことです。タダでヒアリングに対応し、タダで資料を出し、タダでチェックをするのです。

しかし、その一方で調査に来ていたシンクタンクなどには、数百万円から数億円の事業費が、行政から支払われていたりします。苦労して成果を生み出した関係者には1銭も入らず、単にそれを調べている受託企業だけが収入を得る「成功事例調査」が、今も続けられています。

おカネの問題だけではありません。この対応によって、現場は無駄な時間を費やされることになります。その結果、活動にかけられるリソース（資源）が少なくなってしまいます。**「時間だけをとられておカネにもならない、活動も低迷する構造」**がここにあります。

▼「成功者」にタダ乗りする3つの形態

成功事例集に掲載されるだけなら、まだマシかもしれません。成功した事業の関係者に対しては、その後「視察見学」「講演」「モデル事業化」という、主に「3つの形態」で乗っかろうとする構造があります。どういうことでしょうか。ひとつひとつ見ていきましょう。

●タダ乗りの形態1：視察見学対応で忙殺される成功事例

「成功した取り組みをぜひとも見たい」という議会や自治体、一般の方々から依頼が増加します。彼らは「先進地視察調査」の予算を持っているので、話題になっている地域に皆で出かけ、勉強しようとしています。

成功事例集に掲載されると、この「視察見学」の依頼が一気に増加します。多くの人が訪れて、場合によっては視察見学料をとったり、宿泊や物販などで地域におカネが落ちる、ということもありますが、そのような収入は一過性です。

一方で、**本来は地域活性化に使っていた時間を、視察見学への対応にとられる**ようになります。この間、「先進地域」は視察見学対応で忙しくなってしまい、活動は前に進まなくなり、低迷期を迎えてしまうことも少なくありません。そして、成果が低迷すれば見限られ、翌年は当然新たな「成功地域」に皆が視察に行く。まるで「焼き畑農業」です。このように、成功事例は「視察見学市場」でも使い捨てられます。

●タダ乗りの形態2：講演会ラッシュで生まれる、成功事例トップの不在

これも深刻な問題なのですが、成功した地域を率いている重要なトップ（キーパーソン）は、**全国各地で開催される講演に呼ばれる**ようになります。全国区で注目されると、かなりの件数の依頼が入り、それらに対応しているだけで、地元にいられる時間は当然、以前より少なくなります。

なるほど、講演会などに代表が呼ばれていくことは、関係者にとって誇らしいことでもあります。また講演料などをもらえば、「一過性の収入」が入るため、どうしても優先したくなってしまいます。講演会に参加した人が地元を訪れるなどという効果も、無視はできません。

しかし**「講演会ラッシュ」の間、トップの地元不在が続き、結局のところ成果が低迷しがち**なのです。そのうちに、「ジリ貧の活動を続けながら、虚しい講演活動だけ繰り返す」ことになっては悲惨です。

実は成功事例は次々と代わるため、いつまでも「講演会でひっぱりだこ」などということはありません。講演会市場もまた、使い捨てなのです。

●タダ乗りの形態３：「モデル事業化」という「ワナ」

さて、３つ目です。実は、**最も警戒しなくてはならないのは、行政からの「モデル事業」のお誘い**です。

モデル事業とは、各省庁の予算をつけ、他地域からの「模範」となることを目的とした事業のことです。予算がつくのですから、当然、その「成果」は各省庁の手柄となります。ですから、成果が出ている地域には、さまざまな省庁から「モデル事業をやりませんか」という誘いが入ります。もちろん、普通に支援をしたいという趣旨の場合もありますが、「単に成果に乗っかりたい」というものが、かなり多くあります。

政策成果が求められる昨今です。**成功している地域に予算をつければ、さも「○○活性化事業予算」が生きているように見せかけることが可能**です。成功地域の事例が、「他の無駄な予算」を隠すために使われるのです。

一方、成功事例といっても、あり余る資金を持っているところなどありません。細々と稼ぎながら事業を育ててきた地域に、一気に数千万〜数億円の予算が提示されたりします。「国のモデル」になり、さらに予算までくるとなると、やはり引き受けてしまうのです。

「身の丈に合わない一過性の莫大な予算」は、地道に積み上げていた取り組みを破壊します。たとえば、これまでは努力してやっていたことを、予算の力で業者に外注するようになったり、華美なものをつくってしまうようになります。

さらに、無駄に膨大な報告書を作成したり、会計検査への対応をしたりと、行政が絡むことによる独特の作業にも追われることになります。結局のところは、従来の取り組みは低迷し、モデル事業を「回す」ことに数年を費やすことになります。

事業で稼ぎ、成果をあげていたことが注目されていた成功事例でも、モデル事業に採用されてしまって以降、本業は赤字になり、予算依存体質の組織に転落してしまうこともあるのです。おカネがなくて地域が潰れるのではなく、**「急に降ってくる巨額のおカネ」で地域は潰される**のです。

残念ながら、政策担当者がほしいのは「○○地域が幸せになること」ではなく、政策で使える「成功事例」です。

それゆえ、成功事例でなくなった途端、その地域は見捨てられ、成功事例集にも掲載されず、講演会にも呼ばず、モデル事業の対象にもならなくなります。そして、行政の担当者は異動で変わり、その事実さえ忘れ去られるということになりかねません。**後に残るのは、せっかく伸びようとしていた「芽」が潰されてしまった地域**なのです。

「情報格差ビジネス」はもう要らない

どこに問題があるのでしょうか。

調査業務、視察見学、講演会、モデル事業のほとんどは税金で行われています。これらが、地域のためではなく、地域活性化政策に関わる行政、一部受託企業などの事業のために行われているのが問題です。

こういった取り組みは結局、地域活性化で成果をあげた地域と、成果をあげられていない地域との間にある「情報格差」をネタに中間搾取しているだけです。実態としては、税金を使って成功事例をどんどん潰して回り、後発地域にとっても損失となっている現実があります。

地域活性化は、現場が最先端です。最先端を歩む先進的な地域は自らが情報発信し、関心のある人々に、適切な情報を提供していけばよいわけです。

今はインターネットもあり、各地域の現場が直接的に連携し、情報を交換することが簡単になっています。互いの地域で情報を交換し合えば、税金を使って一部の企業しか儲からないような事例集などの情報格差ビジネスの余地自体がなくなります。フェアな環境ができるのです。

現場それぞれで自らの取り組みを資料にまとめたり、視察見学を有料化するという工夫をし、自分たちが経験から得た知識にしっかりと価格をつける。情報をもらう側も、取り組みのノウハウとなる資料や視察見学をちゃんと購入する。先行する地域の人たちの努力に敬意を払い、「お礼」の形で対価を払うわけです。このような適切な関係によって、成功事例を生み出した地域は、後発組の地域からの対価を元手にして、次なる事業に投資することができるようになり、先進地域の取り組みは持続的に成長していきます。互いに挑戦し、その取り組みの内容を教え合い、「出せる範囲」で対価を支払う関係をつくっていけば、さまざまな地域課題を解決できる知恵がより育っていきます。

一過性の注目を集めることに重点をおくのではなく、地味でも常に積み上げ続け、情報も現場から直接発信していけば、地域の取り組みはもっと発展していくでしょう。

第1章

ネタの選び方 危険度 チェックシート

01

- □「成功事例」を参考にしている
- □「経済効果」という数字を計画で多用している
- ▶ **地元経済の現実と改善に真正面から向き合おう**

02

- □ 地元にある素材を使って「特産品」をつくるプロジェクトを推進している
- □ 今世の中で話題の市場に参入しようとしている
- □「販売者」「消費者」を巻き込まずに進めている
- ▶ **つくる前に「営業」しよう**

03

- □ PRして「ブランド」があれば売れると考えている
- □ ブランドづくりのため、コンサルタントに依頼している
- ▶ **売り時、売り方、売り物を常に試行錯誤しよう**

04

- □ 他にあって地元にないものを探している
- □ 地元で突出した個性をもつ人を煙たがっている
- ▶ **突出したコンテンツを用意しよう**

05

- □ 自分ではアイデアが出せず、すぐに人に聞く
- □ 周囲からダメ出しされないように考えている
- □ 成功よりも失敗しないことを優先している
- ▶ **まず始めて、トライ・アンド・エラーで軌道修正を繰り返そう**

06

- □ 現地に行かずに成功事例集を参考にしている
- □ 地元で起きた過去の失敗を知らない
- □ 成功事例に出てくる企業の財務諸表を見ていない
- ▶ **P79の「5つのポイント」を常に意識しよう**

07

- □ さまざまな機関の「調査」に協力している
- □ 他地域からの視察見学には無料で対応している
- ▶ **自ら情報発信して稼ごう**

第2章

モノの使い方

使い倒して「儲け」を生み出す

衰退地域では、そもそもモノの使い方が間違っていることが多々あります。結果、やればやるほど損するモノをつくっているのです。地域活性化目的で投資してつくられたはずが、「おカネを使うモノ」であって、「おカネを生んでくれるモノ」になっていないことが多いのです。

たとえば、観光客を増加させるために、10億～20億円もかけて歴史観光施設や自然観光施設を整備し、さらに維持費を毎年数千万円かけるなんてことは、衰退モデルの典型です。人が来ると活性化したように勘違いしますが、結局人が来れば来るほど道路は使われ摩耗し、トイレにも行きますから上下水道も使われ、ゴミも増加、対応する人の人件費も拡大する。しかし観光客から取れるのは、その施設入館料の500円とか1000円程度。

「この施設だけで儲けるのではなく、ランチなどを食べてくれればそれで儲かるんだ！」というような話をする人がいます。しかし実態は、元々地元の人しかいないような地域には、どこにでもあるような丼ものだの定食だのを出すような店しかなく、おみやげ屋に行けば、どこの観光地でも見るような饅頭だのクッキーだのしか売っていない。

大して面白くない観光施設と、どこにでもある飲食店と、ＯＥＭでつくってもらったようなおみやげ群。人が来れば来るほど経費はかかるだけで、儲けどころはなく、投資回収なんかできないモノに投資をしてしまっているわけです。

観光振興を図ろうといったときには、何に投資をすればより地元で稼ぐことが可能か、より利益を高くできるかを考える必要があります。観光で大切なのは、観光客数の前に「観光消費単価」であり、結果としての観光消費額です。

「観光客数×観光消費単価＝観光消費額」

私が高校時代に早稲田商店会で担当した観光事業では、修学旅行生を対象に、地元商品を早稲田で売る販売体験プログラムをつくりました。

このプログラムでは、地方の農林水産商品を調べて何を売るか決めてもらい、事前学習でつくったポスターを早稲田にある郵便局の待合室などに掲出。修学旅行当日、自分たちで販売してもらいました。儲かったおカネは、都内にある非営利組織をネットで調べて修学旅行生自身がアポを入れ、寄付金を納めつつ組織の解説を受けてもらいました。

投資するのは、せいぜい机や椅子と場所代、それにアテンドするアルバイトの人件費程度。この体験自体を１人１５００円という値段で販売しました。修学旅行ですから、１回で１００人以上の参加があり、その数が年間で数千人に達しました。さらに学生向けランチなども周辺店舗で用意して、そこでも稼ぎました。

目に見えるモノだけでなく、見えないモノも含めて考える。さらに巨大な割に儲けを出せないモノではなく、小さくても着実に儲けを出せる、稼げる「モノ」に投資をし続ける。そうすれば、地域は着実に活性化していきます。

01

道の駅

地方の「モノ」問題の象徴
民間が「市場」と向き合い、稼ごう

地方にある「モノ」問題を象徴する施設があります。それが、全国各地にある「道の駅」です。まず、皆さんに質問です。道の駅は、誰がつくっているのでしょうか。「地元の民間業者が、地元の特産品などを買える便利な商業施設として自ら投資して、営業している」と思っている方も多いと思います。

しかし、実は、**道の駅の約8割は、行政が設置しています**。立派な公共事業のひとつなのです。

そのため、売上を伸ばしていこうという努力が足りなかったり、そもそも建物が立派すぎてコストが高かったり、さらには**「破綻しても行政が責任をとるから」**といって、いい加減な経営状況になっていたりします。ここでは、道の駅が「おカネを継続的に生み出すエンジン」になっているのかどうか、検証してみましょう。

熾烈な「道の駅」競争、「負け組駅」は地域の重荷に

道の駅は、1993年に建設省(現・国土交通省)によって認定制度がつくられ、当初は103カ所からスタートしました。現在は全国に1093駅(2016年5月10日時点)もの道の駅が点在しています(図表2−1)。これだけできれば、さまざまなところで取り上げられるような、儲かっている道の駅もあれば、完全に失敗してしまっている道の駅もあるのです。

道の駅は、「休憩機能」「情報発信機能」「地域の連携機能」という3要素を持つことが期待されています。とはいえ、実態としては、ほとんどがロードサイドの商業施設として、地域の商品を販売したり、観光拠点にしたりという、地域活性化効果を狙っているものが主となっています。つまりは、経済の活性化、消費の喚起を大きな目標として経営されているのです。

そうすると、結局のところ、消費者が「わざわざ行きたい」と思えるような運営をし、地域に利益をもたらせるかどうかに成否がかかってきます。当然ながら顧客にとって別に利用したくないような施設であれば、経営的には成り立ちません。行政が関わるのでいた

図表2-1　「道の駅」登録数の推移

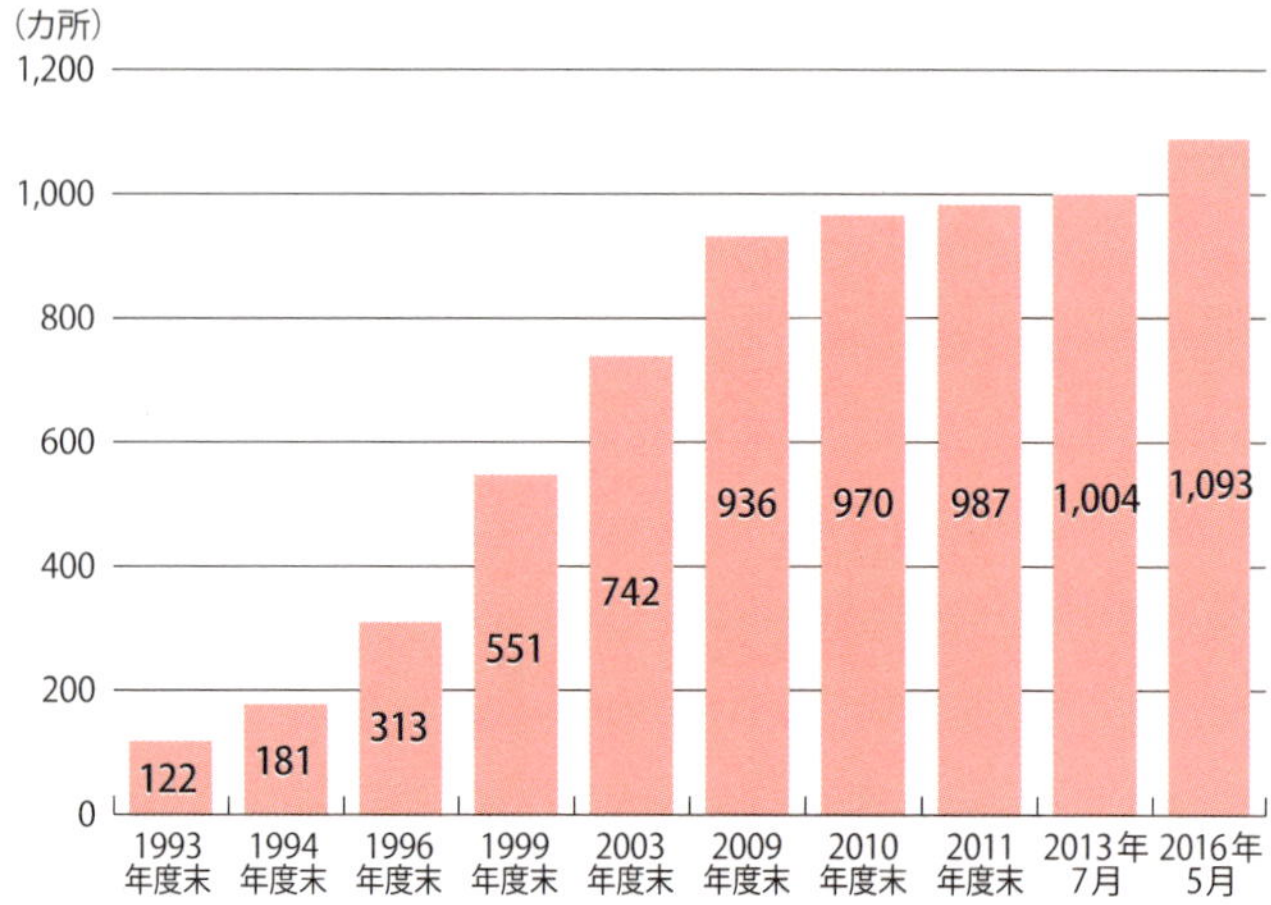

（出所）国土交通省資料

ずらに公共性を意識して、情報発信だの、地域の連携だのという要素を謳うものの、**実態として道の駅は、やはり市場原理にさらされている**のです。

私は、東京と地方を行ったり来たりの毎日ですが、最近は地方で車に乗っていると、「これでもか」というほど次から次へと道の駅が出てきます。当初は「トイレ休憩などもできる貴重な場所」といった存在感もありましたが、最近はコンビニの多くも公共性を謳うことが集客につながるとわかっているため、きれいなトイレを開放していたり、地方の特産品も売っていたりと、競争が激しくなる一方です。

そのため、実際に**経営不振に陥り、赤字が続く道の駅が出てきています**。これが普通に民間でやっている商業施設であれば、「すべてがうまくいくもんじゃないよね、それが当たり前だよね」で済みます。しかし、自治体が関与して税金で建てた施設が失敗してしまえば、最終的には地域住民の重荷になってしまう事態に発展します。活性化どころではありません。

実際に「このままだと経営破綻しそうだ！」ということで、自治体が特別予算を組んで実質的な救済に乗り出したり、はたまた閉鎖するという事例も出ています。

一見、たくさんの人が来て賑わっている施設にも、問題がないとはかぎりません。その裏では多額の税金が使われ、**自治体・民間を合わせた地方全体で見ると、大赤字を出しているいる**ことも珍しくないのです。

▼税金による「初期投資ゼロ」がもたらす「大きな歪み」とは？

では、「経済活性化」という名目で行政が税金で道の駅を整備し、施設運営を民間に委託して実施することで生じる問題点は、どこにあるのでしょうか。ここでは、3つの大きな「歪み」をご紹介します。

●歪み1：出店ハードルが下がる分、経営計画がズサンになる

道の駅は基本的に、自治体が事業主体となって、施設そのものは税金によって開発されていきます。つくった施設を、指定管理制度を活用した第3セクターなどに任せて経営してもらうというモデルが主流です。

もし、普通に民間が事業として施設を開発するならば、施設整備の初期投資部分の回収も含めて、施設運営の売上から捻出するのが常識です。しかし、道の駅のほとんどは、初期投資は税金でつくられています。

したがって、「その部分」については、稼ぐ必要がないという前提になってしまいます。そのため、事業計画の段階から、あまり売上があがらなくても「成立する」という環境になってしまいます。**立派な施設を税金でつくっておカネはかかっているのに、経営上、売上のハードルが低くなるという歪んだ状況**がここに生まれます。

一見すると、「行政が支援して立派なものをつくってあげて、その後も大して儲からなくてもいいような仕組みになっているので、楽だからいいじゃないか」と言われたりするのですが、過剰投資を税金で賄って、その後初期投資の回収が「楽になる」ということ自体が、関係者の生産性を下げてしまうわけです。

結局、地方の生産性が上がらないのは、**「損益分岐点が歪んでおり、通常より低い水準で**

容認されるため、生産性が低くても維持可能な環境」そのものにあります。運営を任された第3セクターなどの、売上向上・利益率改善に向けての努力があまり行われなくなるため、自ずとその地域に本来生まれるはずの利益が小さくなってしまうのです。

「ゼロよりはいいだろ」と言われればそうかもしれません。しかし、**真の活性化は、事業規模に対応した初期投資を皆で行い、より高い利益を生み出そうとして売上の水準や粗利幅を上げていこうという「正のサイクル」の先にしかありません**。

何も高いリスクをとることを奨励しているのではありません。本来のリスクに応じた利益を出す努力なしに地域活性化はできないという、当たり前の話です。「リスクを低く抑えて生産性をほとんど考えず、ソコソコでいいよね」という経営環境を求めているのであれば、それは活性化とは程遠い状況になってしまいます。

●歪み2：設備投資が過剰になる

しかも、ことはさらに複雑です。「初期投資がゼロ=売上を上げる努力が怠られがち」だけなら、まだマシかもしれません。実は、経費面でもマイナス効果を生みます。

どういうことかというと、**行政が中心となって最初に立派な施設を建設するため、普通の民間事業では到底建てられないような立派な施設になりがち**なのです。数億円の施設はザラで、場合によっては温浴施設などと一緒に整備して20億円以上かけているようなケースもあります。こうした過剰投資は、税金だからこそ可能なのです。**それらは結果的に、自治体の財政負担＝市民の負担、国の支援＝国民の負担という形で成立**しています。

また、必ずしも運営者が設計するわけではなく、あくまで設計は設計、開発は開発、運営は運営というカタチが多いため、いざ運営する側からすると、カネをかけた割に不便も多い施設になったりするのです。

このような形で過剰投資された施設の維持費は、カタチには見えにくいものの、実際は運営で生まれる利益から捻出したり、もしくは自治体が予算を立てて維持しています。結果として、経営的にはせっかくの売上からも高い施設維持費が差し引かれて、一段と薄利になったりします。もちろん、自治体が予算を新たに組めば、その分、財政は悪化するわけです。

一般に、施設を建ててから解体するまでの「ライフサイクル全体のコスト」は、**建設費の4〜5倍かかる**と言われており、決して馬鹿にできません。つまり、立派な施設は建てるとき以上に維持費がかかるのです。このような見えないコストが、事業の利益を蝕んでいるわけです。

売上の面では目標が低くて、事業が一見成立するようになっても、**経費面では過剰投資のツケが運営に回って割高な維持費がかかり、薄利になってしまう**。それによって、道の駅事業は、表向きは人がそこそこ来ていたとしても、「地元で大きな利益を生んで、再投資がされていく」という理想的なサイクルにつながっていないことが多いのです。

●歪み3：行政主導により生まれる民間の「甘え」

さらに、まだ問題は隠されています。「事業主体が行政である」という、初期段階からの行政依存構造です。

施設の運営を委託された業者や産直施設への納入者は、事業への責任意識が希薄になりがちです。結局、最終責任は自治体にあるわけですから、**「行政の事業を受けて施設を経営している」「誘われたので、産直施設に商品を納入している」という民間側の「受け身の姿勢」を生み出す構造**になっているのです。

初期投資だけでなく、経営が行き詰まれば行政に救済を求める。さらに、産直市場での売れ行きが悪ければ「わざわざ出荷しても、どうせ売れない」と、農家は商品さえ持って行かなくなってしまう。こうなると、ますます経営は悪化します。

▼民間経営で稼いでいるマルシェと道の駅は何が違うのか

ここまで、道の駅の構造問題を見てきましたが、それではどうすればいいのでしょうか。それを探るため、自前の民間施設で地元農産物を販売する岩手県紫波町の「紫波マルシェ」と比べてみましょう。

「紫波マルシェ」は、ひとことで言うと、産直市場＋肉屋＆八百屋の複合業態です。普通に市中銀行からの借り入れで施設を整備して、立派に黒字経営されています。全体の事業計画から逆算し、坪あたり40万円未満という低い建設費に抑えたことや、農産物を卸してくれる農家を事前に募集し、出店料をとることでモチベーションの高い人だけを集めたことなどによって成功しています。

実は、**補助金などをもらうためには地元産品の比率を一定以上にしなければならないなどのルールがあり、冬場になると商品がほとんど地元でとれないので売り場が閑散としてしまう産直市場がある**ことを、皆さんはご存知でしょうか。

しかし、紫波マルシェは完全に自前でやっているため、そういう制約もありません。冬は九州などからも仕入れを行い、売り場の充実を図ることで、年間を通じて安定的な経営

紫波マルシェ

民間業者が運営する「紫波マルシェ」。新鮮で安い生鮮食料品を求めて、紫波町だけでなく周辺の市町村から多くの人々が訪れる

を実現しています。これは、施設を開発し、その運営を担い、事業責任をとるのがすべて民間企業であるという、一貫した体制で運営されているからと言えます。

さらに産直販売だけだと経営が安定しないため、地元の鮮魚店、精肉店をテナントとして入れています。自主事業は売上が予想より上がれば儲かるものの、逆であればまったく儲からなくなってしまいます。しかし、テナント収入はある程度安定収入として見込めます。このようなアレンジをすることで、資金調達の際に、金融機関が気にする事業安定性を確保できるように工夫しているのです。

また、鮮魚店、精肉店が入ることは顧客にとっても、地元の野菜や果物だけでなく、魚・肉もここで揃うということで、利便性が向上し、産直販売売上へもプラスに働いています。結果、初年で3・5億円だった紫波マルシェの売上は、4年目にして5億円を超えました。

地域で経済を生みだすのは、行政ではなく民間です。逆に、民間が「何でもかんでも行政にカネを出してもらおう」という姿勢でいるかぎり、その地域が活性化することはありません。また、行政も「税金で手助けすれば、地域で楽に事業ができる」という過信を持つと、支援なしに事業に取り組む人が地域からどんどん少なくなり、ますます衰退を招くことを認識しなくてはなりません。

「民間の行政参加」は、実現できるか

本来、商業施設などをつくる場合は、トイレなどの公共機能部分は行政が整備するにしても、**その脇という優位な立地を活かして、民間が事業を考え、利益から逆算して施設規模を計算し、資金を調達して経営するのが基本**です。

もちろん、私も地方において自分たちで投融資をして事業に取り組んでいますから、すべてのケースで事業がうまくいくわけではなく、環境面で難しい立地があることも重々承

知しています。しかしながら、「難易度が高いから不可能」なのではなく、収入に応じて逆算することで事業を成り立たせるための努力の余地はあります。

収入が多く確保できる場合は「坪あたり80万円」を投資して施設の整備ができますが、収入があまり見込めない場合は坪あたり20万~40万円、つまり民家とほとんど同程度の建築費で整備しなくてはならない、などというケースもザラにあるのです。最近は既存の建物をリノベーションして使うことも多くあります。

場合によっては、それでも無理で、最初は仮設のテントを使ったマーケットで事業を始めていくこともあります。ですから、**収入を無視して道の駅のように立派な施設を地方につくるのであれば、税金が必要になってしまうのは当然**です。

地方創生を貫くテーマであり、これからも何度も繰り返すと思いますが、**地方の活性化は「おカネがないからできない」のではなく、「知恵がないからできない」**のです。

かつては私自身がかかわったプロジェクトでも、初期の段階で行政支援を仰ぎ、その上で事業にとりかかったこともありました。しかしながら、すりあわせをしていくと、どうしても民間の事業ルールと行政の計画との間にはズレがあり、結果として成果も小さくなってしまうことが、過去何度もありました。

だからこそ、最初は本当に大変なのですが、民間でできることを考え抜いて実行することこそ、しっかりと地に足のついた成果につながると思っています。

何でもかんでも行政が支援をしていると**「支援もないのに頑張れない」という依存心がますます強くなり、普通に事業を始められなくなります**。正常な民間の力がどんどん失われていってしまうのです。

道の駅に似たような産直業態でも、民間でしっかり利益をあげている商業施設もあります。「行政支援」を前提として道の駅を出店してしまえば、そのような芽を摘んでしまう「民業つぶし」にもなりかねません。

地方では、民間で事業を起こしてくれるめぼしい人がいないから、「まずは先行投資などで行政が頑張る」という話は、一見理解を得られやすい話です。しかし、**行政が頑張れば頑張るほど、民間は行政に依存してしまう**という矛盾があります。これが地方創生事業における難しさでもあります。

見た目ではわからない、**一見民間の事業活動なのに、実際は行政支援が行われ、それが見えないカタチで地域の生産性を低下させているという矛盾**、その象徴が道の駅だと思います。今一度、公共の役割、民間の役割についてしっかり線を引き、緊張感を持った連携ができるかが問われています。

02

第3セクター

衰退の引き金になる「活性化の起爆剤」

目標をひとつにし、小さく始めて大きく育てよう

地方がこれまでつくってきた「モノ」は、施設に限りません。これまで地方自治体が巨額の税金を投じて設立してきた「第3セクター」という法人も、「モノ」のひとつです。第3セクターとは、地方公共団体が何らかの形で出資したり、人材などを派遣して設立する事業体のことで、こうした事業体は、全国に7604あります（2015年3月時点、総務省調べ）。

これらの事業体が関わる案件で失敗するものが後を絶たず、地域活性化どころか、衰退の引き金となっています。その最たる例として、南アルプス市の事例を見ていきましょう。

▼南アルプス市では、開業からわずか3カ月で破綻寸前に

２０１４年、南アルプス市は、国から「地域活性化総合特区」の認定を受け、地域活性化の事業を開始しました。これは、大型の観光農園をつくって、農産物の生産から加工、流通までを行う、今流行りの「農業の６次化」を期待した大型事業です。市は「南アルプスプロデュース」という第３セクター会社まで設立、今までに８億円をつぎ込んだのですが、開業わずか３カ月で経営破綻の危険に直面したことが発覚し、地元で大騒動となりました。救済のために自治体が緊急融資したものの、その甲斐なく、２０１６年１月25日には営業を停止、破産しました。

これは、南アルプス市に限った話ではありません。全国各地にこのような問題を抱えた第３セクターは山ほどあります。実際、**第3セクターの事業体は、全体の60%が黒字、40%が赤字となっています**（図表２−２）。

普通にこの数字を読んでも「40％が赤字」というのは褒められたものではありません。しかし、「60％の黒字」についても「経営がうまくいっている」とは素直に言えないのです。

図表2-2　第三セクターの実態

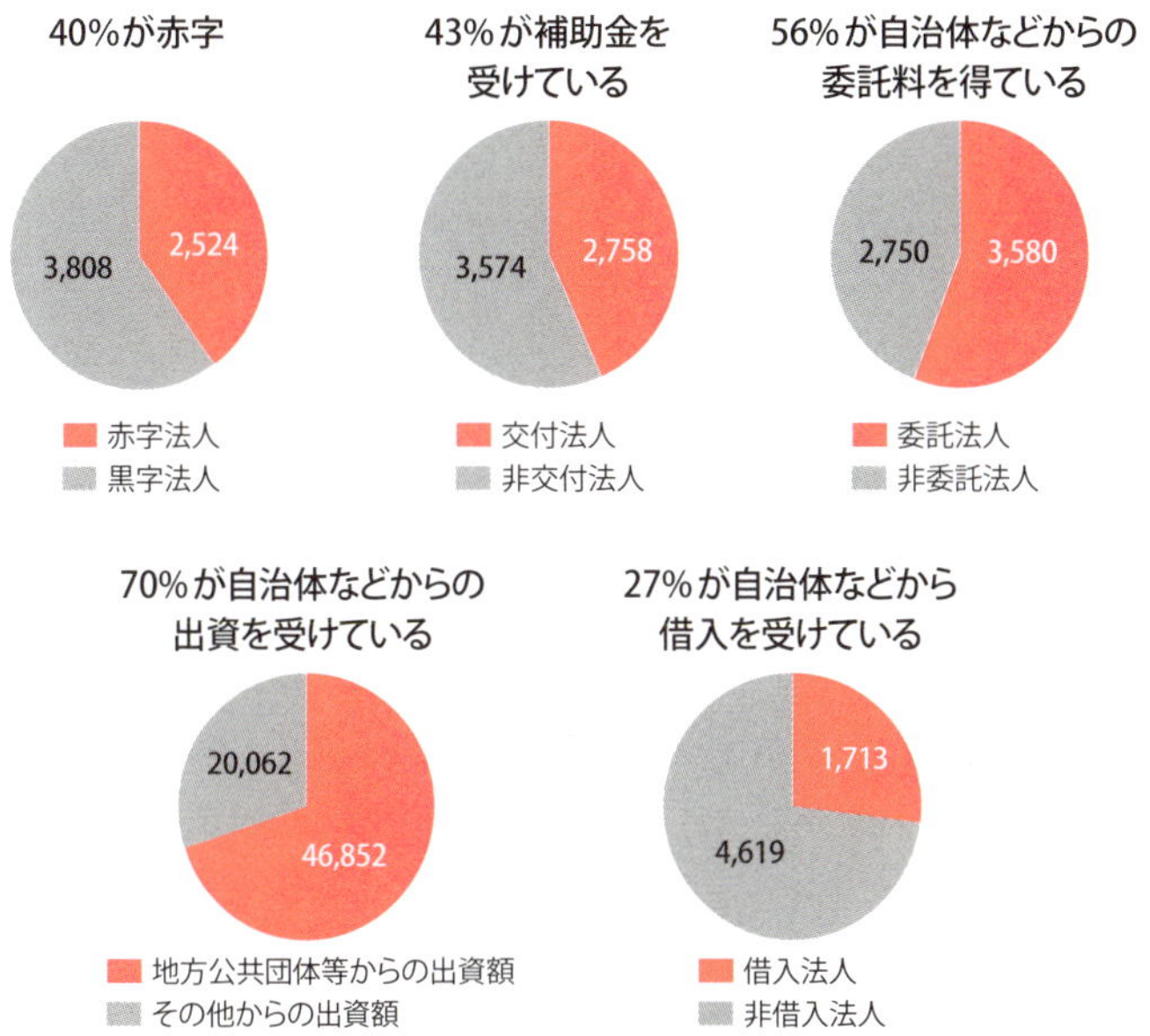

（出所）総務省「第三セクター等の状況に関する調査結果の概要」より筆者作成

実際は、**全体の約43%に自治体から補助金**が拠出され、**約56%が自治体から委託料**を得ており、**行政の支出によって黒字化しているだけ**なのです。また、2004年から2013年までに法的整理が行われた第3セクターは、200法人にのぼります。しかし、膨大な数にのぼる第3セクターは、依然大きな問題を抱え、地方公共団体に重くのしかかっていると言えそうです。

▼第3セクターが失敗する「3つの共通点」

それこそ、自治体の総力を挙げて事業を行っているような第3セクターもあるわけですが、そうした第3セクターほど大失敗を繰り返しています。その背景には、3つの共通点が存在しています。

●共通点1：ひとつの第3セクター事業で、すべて「バラ色」に!?

まちを挙げた事業の多くは、自治体が関与することから、地域が抱える課題の**「一発逆転ホームラン」を期待され、その事業ひとつで複数の政策目標が設定**されます。

典型的な第3セクター事業の計画を見ると、その事業を行うことで「地元産業が活性化し、観光客も増加。地元商品は馬鹿売れ、人口も増加に転じ、財政は改善され、若者の雇用も改善、お年寄りは元気に、教育レベルは向上し……」といった具合に、何から何まで解決するような「万能計画」という話になっているのです。

そもそも事業に必要なのは、まずは成功に向けた目標設定であり、その結果として政策課題が解決されるわけです。**複数の課題解決を図りながら、事業の成功を納めるなどとい**

う複雑なことは、簡単にはできません。まずは商品を開発して売上をあげることが大切なのに、そこに「若者雇用の解決」「人口の増加」などまで課してしまうのです。

こんな事業計画を立てると、結局、何のための事業かさえよくわからないほどに目標が多角化していきます。さらに、事業目標と政策目標とがごっちゃになり、一石二鳥どころか、「事業も失敗、政策も失敗」という虻蜂取らずの結果になってしまいます。

●共通点2：「地元合意」と「制度制約」に縛られマーケットを無視

自治体を挙げて邁進するような第3セクターは、多額の税金が投入されるため、議会や行政、市民参加型の委員会などでの合意形成が最優先されます。さらに、国の補助金制度などを活用することも多々ありますが、それによる制約もあります。

税金を使うのだから当たり前なのですが、事業として見た場合、これは決して合理的ではありません。なぜなら事業内容が「顧客」を向いて決定されるのではなく、「地元合意」と「制度制約」に則って、決定されてしまうからです。

本来の新規事業は、まずは小さく新商品を産んで、イベント販売などを行って売上を伸ばしていき、その規模に準じて後から施設開発などの設備投資へと発展していくのが自然な姿です。

しかし、「まちを挙げた活性化の切り札事業」ということになると、派手さのない地道な計画では、かえって地元の合意がとれません。「せっかく補助金がくるんだから使えるものは使おう、目一杯大きい事業にしよう」という声が後押しし、ともすると、皆の勝手な希望が盛り込まれた、とんでもなく大きな絵を描いた事業で合意されることになります。

結果として、第3セクターの事業はまったく営業実績がない状況にもかかわらず、巨額の投資をして施設開発を先に行ってしまいます。しかし、実際には事業には市場原理が働きます。いくら議会で承認され、制度で補助金が出たとしても、肝心の消費者から支持されるかどうかは別問題ですし、競合しているサービスよりも優位性がなければ、経営はたちまち行き詰まります。結局、大風呂敷が災いし、第3セクターの事業が大きな損失を生み出すこととなり、地域はさらに衰退してしまうのです。

●共通点3：計画は外注、資金調達も「役所任せ」、失敗しても救済

一般的には、事業というのは自分たちの頭で考え、自分たちの手元資金にプラスして投資家や銀行から資金を集め、限られた資源の中で成功に向けて努力していくものです。

第3セクターもまた、本来は独立した法人のため、自分たちで事業を組み立て、資金調達し、その成否に対して、経営陣は責任をとらなくてはなりません。しかし、現実は必ず

しもそうなっていません。

役員には事業をしたことがない役所絡みの人がつき、計画立案はコンサルタントに外注。資金調達については、補助金だけでなく、自治体から直接借り入れたり、もしくは損失が出た場合の補償を自治体にしてもらう条件で、銀行から融資を受けたりしてしまうわけです。

そもそもこうした第3セクターは、本来は経営責任を負うべきなのに、経営責任を持たない、あるいは事業をしたことがない人が行うことが大半です。そのため、他人に任せるにしても、誰に任せたらいいかということさえわからない。損失が出ても、結局は自治体がどうにかしてくれると思っている「環境」のため、まともな経営などできないわけです。

事業も資金も、すべてにおいて責任が不明瞭なのです。

最悪なことに、失敗が明らかになった後の再建計画すら、別のコンサルタントに依頼したりします。そして「潰してはいけない。潰すと大変だ」といったような話で、自治体がダラダラと救済策を講じ続けます。こうした場合、第3セクターの失敗は潰して終わりにならず、むしろ潰れかかってからの支援のほうが高くつくことさえあります。

このように「無理な複数目標設定」「地元合意・制度制約」「計画の外注・役所任せの資

金調達」という3つの要件によって、第3セクターは地域を活性化するどころか、トータルでは結局、地元財政を無駄に消耗することにつながるケースが多々あるのです。

▼失敗から学ぶ「積小為大《せきしょういだい》」の鉄則

これらの教訓から、地域での事業で心がけるべきことは、非常にシンプルです。

・事業で達成しようとしている目標をひとつに絞ること
・小さく積み上げ、売上の成長と共に投資規模を大きくしていくこと
・事業を組み立て、営業できる人間が経営し、資金調達に行政は関与しないこと

以上の3つが基本原則ということです。

たとえば、小田原市の「小田原柑橘倶楽部」の取り組みは非常に参考になります。地元でとれる柑橘類を原材料にしたサイダーやジェラート、ようかんなどを商品化することによって、農業・加工所得の改善を目指した取り組みです。このプロジェクトはすべて民間主導であり、行政の予算などには依存せず、事業ができる民間の人たちが集まって始め、

成長を重ねています。

この取り組みは、実は江戸時代後期に600もの農村再生を牽引した小田原が生んだ偉人・二宮尊徳が残した**「積小為大」**という言葉に基づいています。**小さなものが積もり積もって大きくなる。大いなるものが小なるものを生むのではない。ものごとの順序を取り違えれば、必ずおかしくなる**、という意味です。この教訓は現代にも通じることで、非常に重い教えです。この二宮尊徳の教えについては、第4章で改めて解説します。

03

公園

「禁止だらけ」が地域を荒廃させる
公園から「エリア」を変えよう

地方が持ち、活用の仕方によっては極めて価値を高めることができるモノ。その代表選手が「公園」です。これまでは決まった法律、決まった条例の下、税金で画一的につくられ、税金で維持されるだけだった公園。しかし、それらをしっかり利活用しようとすれば、大きな可能性を持っています。

地方で「ある一定のエリア」を活性化するときには、個人など民間が保有する自宅や事業資産（ビルや田畑など）と共に、**行政が所有・管理している土地や施設などを「どう効果的に活用するか」が課題**になってきています。

▼日本の公園は「禁止」だらけ、何もできない空間に

しかしながら、日本の公共資産は、戦後一貫して「排除の上に成り立った公共性」によって成立してきました。どういうことでしょうか？　つまり、ある一部の人たちの反対があればその反対を聞き入れ、禁止に禁止を重ねていった先に、**最終的に「誰もあまり文句を言わないという意味での公共性を確保する」といった運用**になってしまいました。

せっかく有名建築家に依頼して設計された公共施設でも、入り口から「赤いカラーコーン」（工事現場などで見かける円錐形の器具）が並び、壁にも「○○禁止」というビラが山ほど貼られています。その中でも公園は、多くの遊び方が事実上禁止され、何もできない公園も増加しました。

本来は多くの人が利用するためにつくられたはずの公園が、「何もかも禁止」という悲しい状況にあります。**そのような禁欲的な空間は、地域を活性化させるどころか、むしろ荒廃させ、周辺エリアの価値を奪う空間にさえなっていきます**。

今後、地域の活性化を考える上では、「減点評価方式」で公共財産をとらえるのではなく、「加点評価方式」で公共財産のあり方を考える必要が出てきています。

ある公園のカンバン

これほど多くの「禁止事項」があります

▼公園から生まれた上場企業も

すでに、この「加点評価方式」で公園を運用している場所はいくつもあります。代表的な場所を3つ紹介しましょう。

皆さんは夏のシーズン、日本で一番気持ちよいビアガーデンはどこだと思いますか？　私は、毎年札幌の大通公園で開催されているビアガーデンこそが日本一だと思っています。

そこでは、街区（丁目）ごとにサッポロ、アサヒ、キリン、さらには外国産ビールなど各社が競う巨大なビアガーデンができ、多くの利用客で賑わっています。夕方以降は、顧客はこのビアガーデンからまちの飲食店へと流れます。また、各事業者が支払う利用料は、福祉財源として活用されています。

富山市の富岩運河環水公園は、もとから立派な公園ではあったのですが、市民に大人気、というほどではありませんでした。しかしスターバックスコーヒーが開業し、2008年にグループが主催するストアデザイン賞で最優秀賞を獲得すると、一躍「世界一美しいスターバックス」として有名になりました。

今では地元住民が誇らしげに訪れる場所になっています。さらにその後、フレンチ料理店が公園内に出店、最近もおしゃれなアパレル店などが周辺に出店するなど、**エリア全体のイメージがどんどん向上**しています。

岩手県紫波町のオガールにあるオガール広場は、あえて法律や条例による規制の多い公園の扱いではなく、「広場」という用途になっています。緑地だけでなく、お休みスペース、バーベキュー設備といった火気類の設備も整備され、週末などは大いに賑わっています。

アメリカでは、このような取り組みは「常識」となっています。ニューヨーク市でこの10年ほど、日本でいう自治体の公園緑地課にあたる「パークマネジメント」が熱心に進め

ブライアントパーク

ニューヨーク市がパークマネジメントを行っている公園のひとつ、ブライアントパーク。2014～2015年の冬シーズン、米金融大手のバンク・オブ・アメリカが公園の営業権の一部を買い取り、スケートリンクを営業。公園は大いに賑わった

ているのが「公園コンセッション」（コンセッションは免許や営業権などの意味）です。公園コンセッションとは、公園の一部での営業権を入札し、その収入によって公園の品質レベルを引き上げていくという取り組みです。

マンハッタンの比較的小規模な公園であるマディソン・スクエア・パークには、オーガニックやコミュニティをコンセプトにした「シェイク・シャック」というハンバーガー店が出店しています。この店も同公園のコンセッションで落札した企業によって経営されているのですが、あまりの人気で周辺エリアにも続々と支店を出店していき、2015年1月にはついに、ニューヨーク証券取引所に上場を果たして

います。

これら企業への公園コンセッションにより、ニューヨーク市パークマネジメントでは歳入が増加し、四季に合わせた草木の管理や子供用遊具の整備を含めて、**公園管理を税財源以外で充実させることが可能**になっています。

「ダサい売店」ではなく、このような高品質なテナントが入ることでエリア全体の価値も上がる。さらに歳入増加で公共サービスも充実されるという好循環が生まれています。

▼「日比谷公園」と「松本楼」の関係から、明治の知恵を学ぶ

ニューヨーク市の取り組みを褒めてきましたが、実はこの話は、特段アメリカに学べというわけではありません。事業性と両立させながら公共資産を充実させる知恵は、昔から日本にもあります。たとえば、誰もが知っている、東京の千代田区にある「日比谷公園」です。

近代的な西洋型公園を目指してつくられた日比谷公園（1903年開園、約16・1万平方メートル）には、開園時から西洋花壇、レストラン、音楽堂が整備されました。そして、そののど真ん中に、やはり開園時から「松本楼」という老舗フレンチレストランがあるのはご

存知でしょうか。小坂梅吉という個人が入札で落札し、現在も小坂さんの子孫によって経営されています。

明治時代の東京市の公園は独立採算性が高く、松本楼のようなテナント入札と共に、池でのボートの貸し賃や音楽ホールの入場料など多角的な収入で、建設・運営にかかるコストを捻出したのです。

▼公園を活かしてエリア全体をマネジメントせよ

これは、単に財政的制約だけでなく、ヨーロッパの公園のように多くの市民にとってその場所が価値を持つような素敵なレストランやカフェ、野外音楽堂という付帯機能を併せ持つことで、**周辺エリアの価値をも引き上げるような公共財を目指した**と言えます。

実は、公園の活用を考える際に本当に重要なのは、このように**公園を中心とするエリア全体をマネジメントする視点**です。

たとえば、公園周辺の道路まで含めて一体運用するという手法があります。通行量がそれほど多くないのであればですが、自動車の進入を制限して、公園に面した店舗が道路にはみ出して「オープンカフェ」を運営できるようにする。同時に、公園の囲いやガードレールも撤去してしまいます。

前面道路まで営業に使えて、目の前は緑のある公園、そこではシーズンごとにさまざまな催し物が開かれるとなれば、入居するテナントの種類も変わり、周辺店舗の家賃も上昇するでしょう。つまり、**不動産価値が上昇する契機をつくれる**のです。

自治体としては、不動産価値が上昇すれば得られる固定資産税が増えます。この上昇分で、整備に要したコストを回収すればいいのです。

平たく言えば、自治体が「合法的に場所代を上げる」わけです。こういった取り組みは、自治体にしかできません。

▼民間が公的資産を使い、公共サービスを改善する時代

今、国や地方自治体が保有する公的不動産の価値は、約570兆円（国交省発表）と言われています（図表2-3）。

これまでの公共関連資産は「税金でつくり、税金で維持する」ということが前提だったため、これらの資産を積極的に活用しようという話は、一部でしか議論されてきませんで

図表2-3　公的不動産の規模

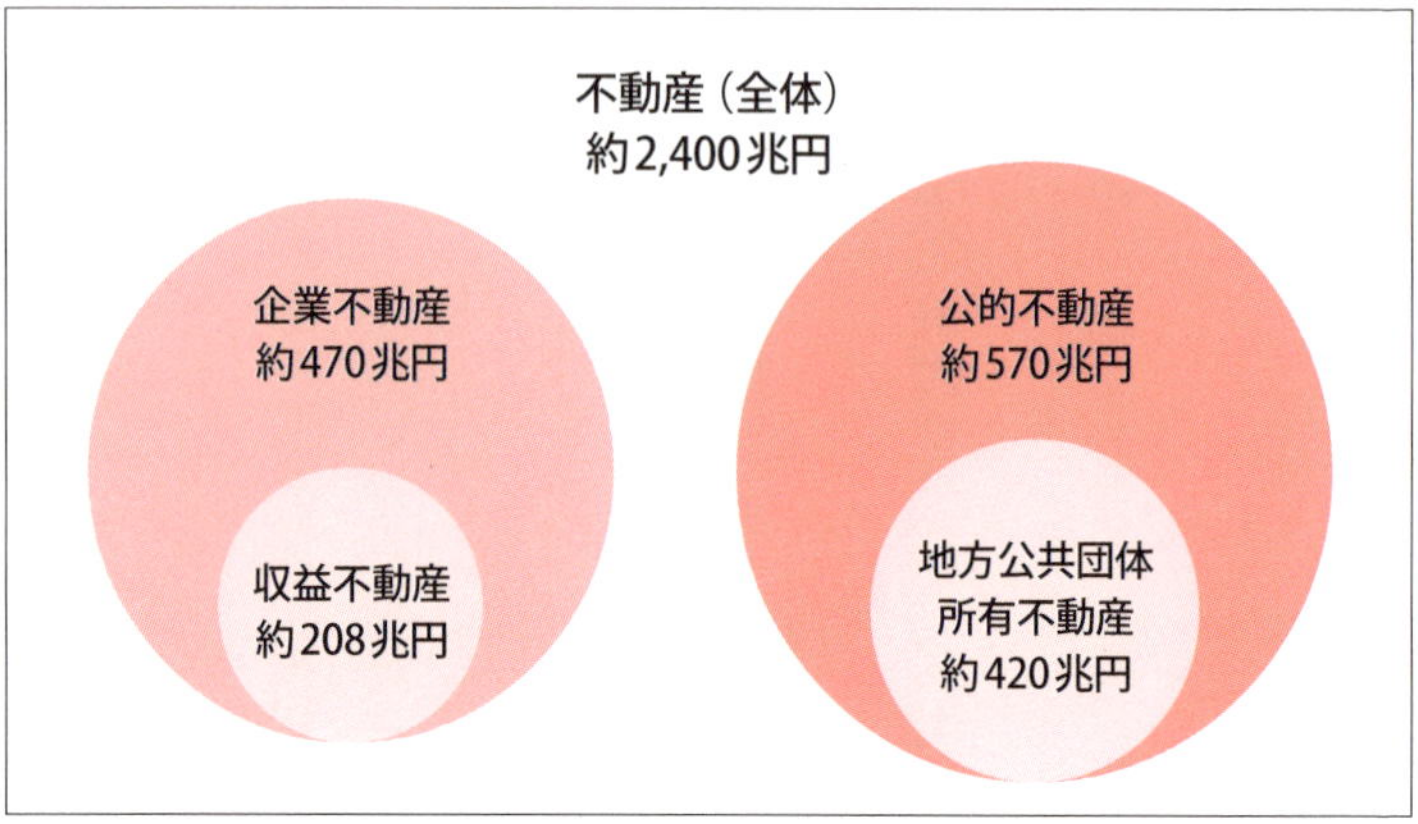

（出所）不動産証券化手法等による公的不動産（PRE）の活用のあり方に関する検討会第1回資料

した。

しかし人口縮小社会となり、財政難で公共財産の管理予算は先細ってきています。市民の特定利用はできるだけ排除してきた公共空間の運営方法に終止符を打ち、**新たな公共資産の活用方法に目を向ける必要が出てきている**のです。公園ひとつとっても、まだまだできることは山ほどあります。

その一方で、民間活用というとすぐに指定管理の手法がとられがちです。これは、民間企業などに包括的に業務委託する制度ですが、ともすれば丸投げすることになったりします。それでは結局、行政の支出が多少減るだけで、意味がありません。

本来は、**公的資産の一部を民間企業が利**

用する場合には、入札によって適切な家賃・管理費を行政側に支払うのが望ましいあり方です。さらに周囲の地価まで上げて、固定資産税による歳入増加を目指すところまでやる必要があるのです。

行政側は、その上で多くの人に向けた公共サービスの充実に、その歳入を活用する。正常な行政と民間の関係はこの形だと言えます。

もちろん、公共資産のすべてを事業活用するべきだと言っているわけではありません。しかし、570兆円の資産のうち、もし1割の約60兆円でも有効活用されれば、公共サービスはさらに充実させられる可能性がありますし、それが地方経済活性化のきっかけにもなりえます。

従来の公共資産の運営方法を今一度見直すことで、人口縮小社会でも公共資産の管理やサービスの維持を諦めず、発展させることさえ可能なことが多くあるのではないでしょうか。

04

真面目な人

モノを活かせない「常識的」な人たち

「過去の常識」は今の〝非常識〟だと疑おう

これまで「道の駅」「第3セクター」「公園」といった、地方が保有するモノの問題と可能性について整理してきました。これらは問題がある一方で、改善していく道筋があります。

しかし、わかっていながらなぜできないのか。それを知るためには、「過去の常識にとらわれる」地方の「真面目」な人々の問題について考えなくてはなりません。

そもそも、地域を活性化しようとして、結局「数々の失敗プロジェクト」の山ができてしまうのは、なぜでしょうか。本書で明らかにしているように、**人口拡大社会で成果が出た方法を、そのまま人口縮小社会となった現在も実施しているから**です。

▼「常識」と「真面目」な業務が招く、地方の衰退

そのような構造を支えているのは、地域内での主要な組織において、**過去つくられてきた常識を守り、日々淡々と業務を進める「真面目」な人々**です。

多くの日本人は、集団内での常識を守り、日々与えられた業務を生真面目に遂行することが仕事だと教わってきました。これは地方だけの話ではありません。

しかし**「真面目に遂行する」**だけでは、**与えられてきたルールを根本から疑い、自ら周囲を巻き込みながら、組織的に修正をかけていくということがなかなかできません。**

結果として、社会環境が大きく変わり、過去の方法で散々失敗しているにもかかわらず、過去とほとんど同じ取り組みをひたすら続けてしまい、衰退が加速しています。

2015年に全国の自治体が策定した地方創生総合戦略は、自分たちの将来を委ねる非常に重要な計画だったわけですが、「手が足りない」という理由で、従来どおり「名ばかりコンサルタント」に外注し、どこかで見たような事業ばかりが並んだ議論が行われました。

▼人口急減社会では「真面目」が大失敗につながる

常識とは、皆が知っている方法・制度です。真面目とは、記憶したプロセスを余計なことを言わずに早く処理できることです。多くの地方はこの2つをいまだに徹底していますが、それではもはや成果は得られないのです。

そもそも拡大社会においては、地方は、中央で定められた制度をもとにして、コンサルタントに外注して計画を立て、地元の要望を聞き、決められた予算をとりに行き、地元で執行し、中央へ報告をしていればよかったわけです。地方でも都市部の真似をすればよかった。それが常識的で真面目な仕事であり、一定の成果が見込めました。

しかし、人口急増社会から人口急減社会に移行すると、すべての前提が変化します。そもそも人口は地方から減っていくので、中央では状況がよくわからず、解決策も見えません。そのため、従来型の政策を地方に押しつけ続けてしまいます。さらに地方側も**過去の常識を真面目に実行し続けるので、とんでもない失敗を繰り返すようになっている**のです。

多額の税金を投入したにもかかわらず廃墟と化した再開発施設、整地されたものの放置

廃墟と化した再開発施設

多額の税金を投入して再開発したのに、入居者が決まらないテナント。オーナーは税金で家賃補償を受けているため、入居者を探すモチベーションが低い。

された工業団地、まち全体がゴーストタウン化した区画整理、使われない立派な農業生産加工所。これらは、まさに過去の常識的な方法を真面目に遂行してしまった結果の典型と言えます。活性化を目的に膨大な税金を投入したにもかかわらず、活性化するどころか、むしろ地元経済・財政の重荷となり、衰退を加速することになってしまっています。

地方活性化のプロジェクトの失敗は、非常識で、不真面目にプロジェクトを推進した結果ではありません。むしろ**過去の制度・政策などの常識に沿って、皆が日々真面目に業務を遂行した結果、引き起こされています**。

だからこそ、この問題の根は深いのです。

▼地方がやるべき「常識破り」

ではどうすればいいのでしょうか。地方がしなくてはいけないことは、以下の3つです。

●やるべき常識破り1：ほかと異なることに取り組み、需要を開拓する

人口急減社会を迎える今、**地方を活性化させるのに必要なのは、他と異なることに取り組み、「需要を開拓する（創造する）」事業**です。

人口急増社会では、ものが足りなかったため、「いかに迅速に供給するか」が課題でした。しかし、今は人口急減社会になったため、過剰なインフラや不動産が残り、減らすことさえ議論されています。供給が問題である時代と需要が問題である時代。需給関係の前提が変わってしまったのに、過去の常識を引きずっていれば、失敗するのは当たり前なのです。

●やるべき常識破り2：真面目重視だけの「プロセス評価」はやめよ

一般に、真面目に業務をこなす人は非難されにくかったりします。「あの人は真面目にやっている」「一生懸命にやっている」というだけで、組織内での評価が高まります。

もちろん不真面目よりはよいかもしれません。しかし、結果を問わず、分業された業務を皆で真面目に執行し、不正などがなければ評価されるという形では、厳しい状況にある地方において活性化の成果をあげることはできません。

結果に対する評価を行わない、「なあなあの関係」によるプロセス評価体制が、プロジェクトの失敗を放置させ、反省を促さず、次なる失敗を招いています。ただ、このような「相互依存評価モデル」で仕事をしてきた人たちにとって、これを破り、成果を重視して業務方法を変えるという裏切りは、なかなかできないのです。

このような「プロセス一流、結果三流」が放置されることで、地方はますます衰退しているわけです。

●やるべき常識破り3：変化を「非常識」で「不真面目」とみなし、潰すな

新しい活性化事業において、過去の常識ではないこと、業務のやり方も変えなくてはならないものについては、特に常識を重んじ、真面目に業務を遂行する人ほど、過剰に反応します。

そのような新たな取り組みや進め方を「非常識」で「不真面目」だとみなし、一方で「できない理由」を並べ立てることが現実主義者であるかのように勘違いをして発言をする人

が必ずいます。そして、組織の内外で新たなことに挑戦する人を集団で邪魔し、潰していってしまうことが多くあります。

せっかくの地域での新たな取り組みが潰されると、どうなるでしょうか。結局、**過去の常識にとらわれた取り組みを真面目に進める人だけが残る**という、悲しい構造があります。そして、衰退は続いていってしまいます。

▼「静かに決断するトップ」と「自分の頭で考える実践者」の連携が重要

過去の常識にとらわれ、単に真面目に業務を遂行するだけという状態から脱却するには、**組織のトップの大いなる決断と、現場での小さな実績の積み上げ**が必要になります。

時折、改革派を謳い、派手なことをしてマスコミに取り上げられる割に、最終的な成果に対する責任を果たさないワンマン改革者もいます。しかし、そのような取り組みはあまり長続きしません。これは企業、行政のいずれにも言えることです。

変化というものは、**最初は一部から始まるものの、最終的には地域内・組織内で理解され、多くの人に広がることが重要になります**。だからこそ、トップは常に説明を続け、手続きを踏まえて修正をしていく必要があり、実践者は皆が変化を実感できるように、実績をひとつひとつつくっていく必要があります。

そうすれば、最初は非常識と思われていたことも、説明を通じて理解が深まり、そこに小さな成功事例が積み上がると、新たな常識となります。最初は手順として不真面目に見られることもまた、繰り返されることで理解されていきます。それが、本当の変化につながっていくのです。

静かなる改革者と、小さな積み上げを進める実践者の連携が、過去の常識を打破します。これこそが、単に真面目に取り組むだけで成果の伴わないやり方を一新するために必要なことなのです。

今、地方に必要なのは、過去の常識と真面目さを単に引き継ぐことではありません。単なる派手なワンマン改革者による一過性の変化でもありません。**過去にとらわれない、新たな時代に則した「常識」をつくり出し、しっかり成果を出す「新しい真面目さ」を確立すること**、これが地方に求められているのです。

それでは、そのような取り組みはどうすればつくり出せるのか。続けて、その実例を解説していきます。

05

オガールプロジェクト

「黒船襲来!」最初は非難続出
「民がつくる公共施設」で税収も地価も高めよう

これまで地方に形成されてきたモノを利活用するため、従来の常識にとらわれず、静かに改革を行っていく。そのような事例は本当に存在するのか。行政と民間が適切に連携し、地域の不良資産を稼ぐ資産へと転換する事例が徐々に出てきています。岩手県紫波町の「オガールプロジェクト」が、そのひとつです。

▼公共施設は、すべて税金でつくらなければダメなのか?

「税収が減ったから、公共施設を減らしていく」。これは、成熟化や人口減少で税収の伸びが見込めない地方自治体などからすれば、一見すると、まともな意見です。

実は、こうした発想は「公共施設はすべて税金でつくり、税金で維持しなくてはならない」という前提に立っています。しかし、人口が減り、地方内需も細っていく昨今、求められているのは、単に収入に基づいて公共施設を減らすことだけではありません。むしろ、**「何でもかんでも税金で」という前提にとらわれている公共施設のあり方自体を、変えてしまうこと**が重要です。

実は、そんなことをやってのけてしまったのが、岩手県紫波町です。東京から新幹線と在来線で3時間ほど。人口は約3・4万人。盛岡市と花巻市に挟まれた、農業が主力産業の町です。

紫波町はもともと財政基盤が脆弱だったにもかかわらず、1997年にさまざまな公共施設と住宅を集約するため、町の中心部の駅(紫波中央駅)前の土地10・7ヘクタールを、28・5億円もの大金をかけて購入してしまいます。

しかし、後から振り返ると、この年が税収のピーク。翌年からは減収となってしまい、開発計画が頓挫してしまいます。つまり土地を買ったら、建てようと思っていた施設建設の予算の調整がつかなくなったという、まったく笑えない状況に陥ったわけです。しかもこれを決定した町長は、選挙で負けて退陣してしまいます。新町長(藤原孝町長、当時)は、下手な開発をするとよりマイナスが大きくなると判断し、その土地は日本で最も費用が高い「雪捨て場」として、十年来活用されてきました。

この状況だけ見たら、もはや誰でも諦めてしまいそうな悪夢のような話です。万事休す、です。

しかし、町長をはじめ、関係者は諦めませんでした。購入したその土地を「役所が開発するのを諦め、民間に任せて開発する。それを公民連携事業として推進する」という決断をし、紫波町公民連携基本計画を策定。そのプロジェクト名は「オガールプロジェクト」と名づけられました。これは、塩漬け同然で雪捨て場として使われていた土地に、カフェやマルシェ（市場）、子育て支援施設、図書館、運動場、ホテル、新しい役場庁舎、さらには先進的な分譲エコ住宅までを建てるという、一大再生プロジェクトです。

▼「民に任せる？」「行政の仕事放棄だ！」当初は非難続出

オガールプロジェクトを進めるにあたっての大前提は、**「行政におカネがないなら、民間開発に切り替えて、金融機関から資金調達して公共施設と民間施設両方の開発を進める」**という方針です。

しかし当初、地元からは「そんな開発形式は聞いたことがない」「行政がやるべきことを放棄した」「そんなうまい話は無理だ」といった反対論が続々と出てきました。

紫波町の行政・民間のチームは、諦めずにプロジェクトに向き合いました。

行政は、**一度決めた都市計画を、ためらわずに根本から覆しました**。通常ではありえないことです。これによって、民間が投資可能な内容に合わせていきました。民間は**補助金や交付金に依存しないと覚悟**し、あくまでテナント営業をしながら、あわせて金融機関と調整を続け、資金調達を可能にしました。金融機関はきちんと返済される＝黒字で経営される事業でなければ融資しません。だからこそ、それに合わせていくことが地域を強くすることになると、行政・民間のチームは考え、議会もそれをしっかりと後押ししたのです。

前出のように、紫波町の人口は3・4万人にすぎません。プロジェクトを進めるにあたっては、発想の転換が必要でした。その象徴がプロジェクトの中核施設「オガールプラザ」にある図書館です。

ここが大事です。図書館は公共性のある施設ですが、**民間的な視点からすれば「大きな集客装置」と見立てることができる**、と発想を転換したのです。

図表2-4　オガールプラザの全体像

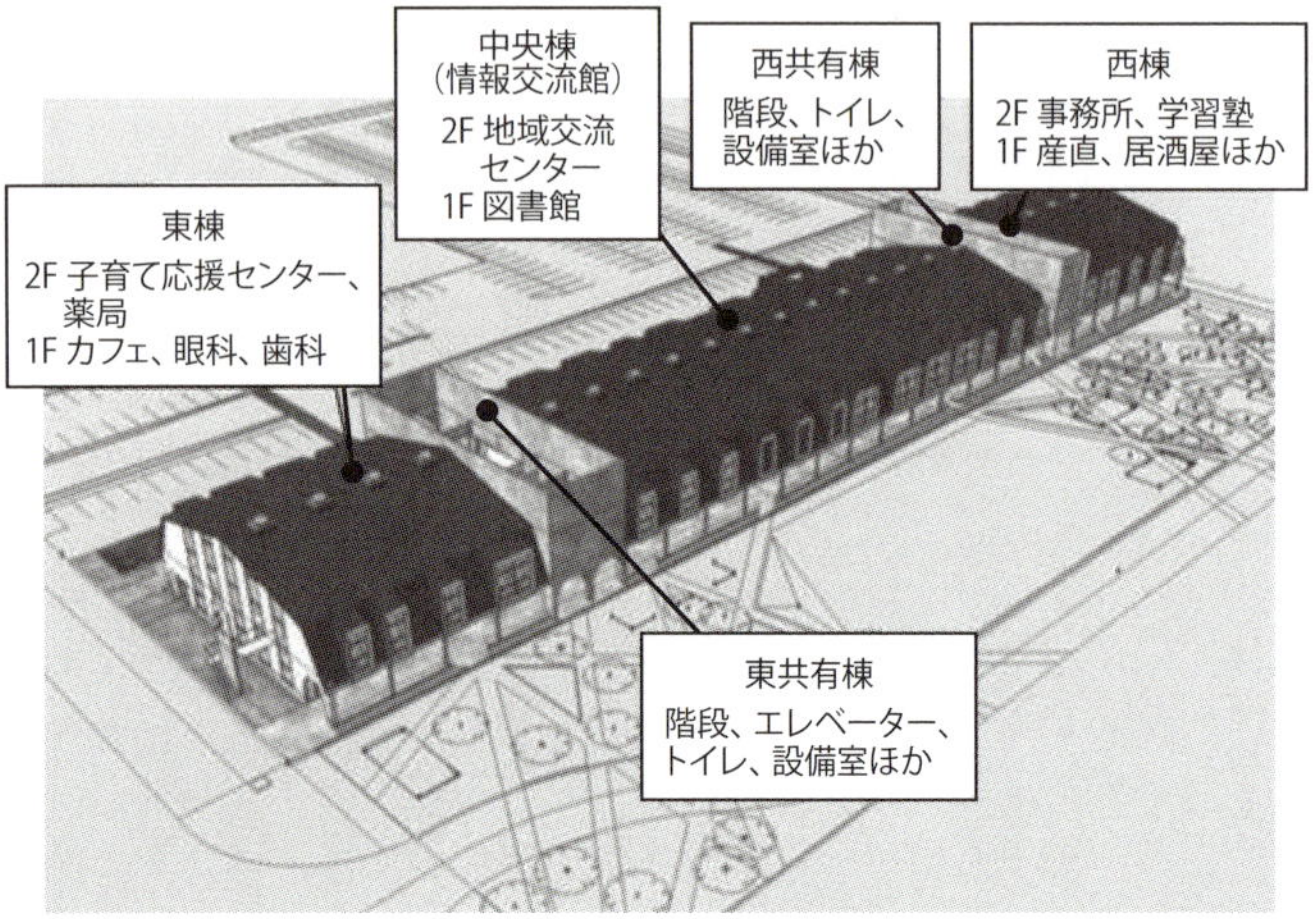

誰も来ないような立地には店を出したくないですが、この図書館のように年間10万人以上がやってくる施設の内部に店を出せるのであれば、出したい人はいます。それなら、主要施設である図書館は無償で開放しつつ、そこを訪れる人たち向けのカフェやクリニック、生鮮食品店を誘致。民間テナントから家賃や管理費を集めて、そこで稼ごうと考えたわけです。

それと同時に、その稼ぎで図書館の施設維持費を支払い、公を支えようともしました。まさに公と民の支え合い、連携を、経営的に行うことにしたのです。

こうして、図書館を中心とした情報交流館（中央棟）と、それをサンドイッチするように民間事業棟（東棟・西棟）がくっついた、一体的な公民合築施設「オガールプラザ」のモデルが開発されました（図表2－4）。

なぜ自治体主導で施設を開発すると、失敗するのか

ここまで「オガールプラザ」の話を書いてきましたが、これまでも、多くの自治体で「公共施設」と「民間施設」を一緒に建てる開発は行われています。しかし、そのほとんどが失敗しています。これはひとことで言えば、**公共施設開発の手法を用いて、民間施設を一緒に建ててしまうから**です。

どういうことでしょうか？　自治体と政府による開発と、民間と金融機関などによる開発の違いをまとめた図表2－5をご覧ください。この違いは、とても重要です。

まず予算について、自治体・政府による開発は「はじめに予算ありき」で、使える金額をすべて使い切ることが前提になっています。一方、民間・金融機関による開発は、収支計画を立て、返済できる範囲でしか投資しません。

スケジュールにも違いがあります。予算年度に縛られている自治体・政府の開発では、「3月までに使い切らないと」などの理由から、計画どおりにテナントが決まっていないう

図表2-5　公的開発と民間開発の違い

	予算	スケジュール	スペック（仕様）
自治体と政府による開発	国の補助金・交付金と、地元予算で使える金額をＭＡＸで使おうとする	予算年度のスケジュールに合わせ、年度末の駆け込みなど歪みが出やすい	コンサルや学識経験者などによる委員会で策定されて華美になりがち
民間と金融による開発	収入計画に基づいて、返済可能な金額	計画通りに営業が固まるまで投融資できない	返済計画にそって予算金額が策定され、その範囲内でできる仕様に収まる

ちから建設に踏み切ってしまうという歪みが生じることもあります。一方の民間・金融機関による開発ではそういった歪みは発生しません。むしろ、計画どおりに進んでいないうちは金融機関がおカネを出さないため、建設はできません。

施設のスペックも違います。自治体・政府による開発では、さまざまな関係者の思惑が交錯し、どうしても華美になる傾向がありますが、民間・金融機関の開発では「返済計画」が最優先され、実力に即した仕様に収まります。

このように、「マーケットの厳しい目」のチェックを事前に受ける民間・金融機関による開発のほうが、「プロジェクトの持続可能性」を見る上で、極めてまともで現実的な問題と向き合うことになるわけです。これは、「儲け主義」うんぬんではあ

オガールの様子

バーベキューなどを楽しめるオガール広場を挟んで、図書館やマルシェなどが入るオガールプラザ（左）とバレーボール練習専用体育館やホテルなどが入ったオガールベース（右）が立地する。敷地内には、他に紫波町庁舎などが立ち並ぶ。

りません。むしろ、「返済可能な施設」というものは、建設費の捻出さえ難しく、維持費にかけられる財源が減少していく地方にこそ求められる、重要な客観的評価です。

本当は行政のほうが持続可能性と向き合わなくてはならないはずが、従来の自治体・政府の手法では、**「開発できる予算さえあれば、つくってしまう」**わけです。もちろん、すべて民間資金でできるとは言いませんが、施設全体のあり方を考える上で、最初に「厳しい現実」と向き合ったほうがよいのではないでしょうか。少なくとも民間資金で絞った上で税を入れれば無駄はなくなります。

オガールプラザは、金融機関からの投融資を決めるため、**開発前にテナント募集の営業**

をするのに、実に18カ月もの時間をかけています。すべてのテナントが決まるまで、開発はできなかったからです。ただし、その結果として、貸し出す床面積すべてのテナントを、事前にすべて確定できました。

さらに、実は重要な見直しも行っています。当初の基本設計が過大であると判断し、計画の途中で当初の「鉄筋コンクリート造3階建て」の施設を取りやめ、**より安価に建設できる木造2階建てに変更**しました。

これで圧倒的に建設費が抑制できるようになり、結果的に図書館部分についても、役所が主体で建てる標準的なプランよりは数億円も安くなりました。

また、役所は役所にしかできないことを多数行いました。そのひとつが、一度決定された都市計画の変更です。通常は、行政が民間の計画に合わせて決定を覆すことはありませんが、**紫波町の行政職員たちは、それをやりきった**のです。

武雄市とは真逆の、オガールの図書館の発想

ここまで、「オガールプロジェクト」の中核をなす「オガールプラザ」にある図書館の話をしてきましたが、行政と民間が協力する図書館といえば、最近では佐賀県・武雄市の

「武雄市図書館」が有名です。同図書館は、武雄市がCCC（カルチュア・コンビニエンス・クラブ）におカネを払って図書館を運営してもらっています。

しかし紫波町の「オガールプラザ」は「その先」を行っています。つまり、**民間企業であるオガールプラザの運営会社と入居テナントが、紫波町に家賃や固定資産税などを逆に支払っている**のです。

オガールプラザに入居した民間テナントであるカフェや居酒屋、マルシェや学習塾、クリニックなどでは多数の雇用も生まれています。さらに紫波町図書館は安価に建設された図書館ですが、年間10万人という当初の計画を大きく超えて、年間30万人以上の人が来館し、巨額の開発予算を投じた盛岡駅前の県立図書館に引けをとらない貸出冊数を誇るようになっています。

地元の主力産業である農業関連の書籍のラインナップもすばらしく、図書館内では勉強会も頻繁に行われています。中高校生も多く来館して、夕方にはフリースペースを使っています。従来は「吸い取られていた」盛岡市や花巻市からさえも、逆に利用登録をもらえるようになりました。

これは、**地元の民間人が高い「パブリックマインド」を持ち、町長がリーダーシップを**

とって議会をまとめ上げ、さらに自治体職員が手続きを含めて自治体法務と向き合って結実したプロジェクトだからこそできた成果と言えます。

地方創生を考えるとき、「地方は弱っているから、政治や行政の力でどうにかしてもらおう」といった話が出てきがちです。しかし、それではうまくいかないというのが、これまでの地域再生政策の結論だと思います。単に助けてもらうのでは、再生はないのです。

何より、いつまでも国から地方への権限移譲などと言って、「主導権」と「税金」を奪い合うのは、もう諦めたほうがよいように思います。むしろ、地方で民間が金融機関と向き合い、知恵を絞って「公共施設や経済開発をセットにした、新たなプロジェクトを開発する」ほうが、よほど可能性があるということです。

第2章
モノの使い方　危険度　チェックシート

01
- □ 投資する金額を補助金制度に合わせて検討している
- □ 行政が関わるのだから利益にこだわってはいけないと考えている
- □ 地域活性化は役所の仕事だと思っている
- □ 地域商品が売れれば、地域が活性化すると思っている

▶ **民間が市場経済のルールにのっとって稼ごう**

02
- □ 第3セクターに複数の政策目標を課している
- □ 「地元合意」「制度順守」は原則だと考えている
- □ 自分で行うことは難しいため「外注」を基本としている
- □ 何かあったら行政に頼るしかないと思っている

▶ **小さく始めて少しずつ大きくしていこう**

03
- □ 問題が起きないように「禁止ルール」を常に考えている
- □ 公共資産は「税金でつくり、税金で維持する」のを基本としている
- □ 民間資産の価値を上げることに、行政は関与してはいけないと考えている
- □ 地域価値の向上は「地価の向上」につながると考えたことがなかった

▶ **公園の魅力を高めて民間にも開放し、周辺地域の地価向上を目指そう**

04
- □ 「前例がある」のは良いことだと周囲に説明している
- □ 手続きをしっかりと踏むことが最優先だと考えている
- □ 遊んでいる人には事業ができないと思っている
- □ 何かに取り組むときに、まずは勉強から始める

▶ **「成果を出すこと」こそ、新しい時代の真面目さだと心得よう**

05
- □ 行政に予算がなければ何もできないと思っている
- □ 「民間は民間、行政は行政」、まったく別の論理があると考えている
- □ 公共施設で稼ぐなんてけしからんと思う
- □ 税金ではなく民間資金では、公共サービスなんかできないと考えている

▶ **それぞれが「できること」を活かし、行政と民間で支え合おう**

第3章

ヒトのとらえ方

「量」を補うより「効率」で勝負する

地域活性化で大切なのは、適切な課題設定と解決に向けた事業開発です。その中でも、重要な地域経営資源である「ヒトのとらえ方」がそもそも間違っていることが多くあります。

地域活性化分野におけるヒトのとらえ方には、2つの視点があります。それは「人口」と「人材」です。「地方消滅論」が出てきたことによって、地域衰退の問題の多くが、何でもかんでも「人口」が原因のように語られます。そのため、人口さえ増えれば、地域の抱える課題の何もかもが解決するかのような幻想を抱く人がいます。しかし人口減少は結果であって、原因ではありません。そもそもなぜ人口が減ったのかを考えないと、問題は解決しません。

その地域から人がいなくなる原因は、適切な報酬の仕事がないこと。だからこそ地域活性化で目指すべきは「所得向上」です。そう考えれば、人口減少がプラスになる可能性もあります。たとえば、従来分散して小規模かつ非効率に行われていたため、ひとりあたり所得が低い地方の産業における仕事も、人が減れば集約化が進み、生産性を上げることが可能なものもあります。若者を酷使する「ブラック」な仕事は人手不足ですが、そもそもそんなものを「地域の常識」としてやってきたから、若者はその地を離れるわけです。人が減る中で産業を効率化して、ひとりあたり所得を向上できれば、活路は十分に見えてきます。すでに農業分野などでは例が出てきています。

私が地域での会社で事業を始める際には、ワークシェア方式を採用することが多いです。協業するメンバーも地元で会社経営をしている方が多いため、彼らの会社の総務・経理社員に外注させてもらい、その委託費の一部を社員にボーナスとして還元してもらうという形式にします。新たに設立した会社もそこまで業務が大きくないのですから、フルタイムの社員を安い給料で雇うのではなく、むしろすでに地元で働いている人の給与を増やしているのです。

また、人材について重要なのは、育成ではなく「発掘」です。

昨今はどこでも「人材育成事業」に取り組み、地域の担い手がいないだとか、起業する若者が不足しているなどと、過去に地域を担ったこともなければ、起業したこともない大企業や行政関係者が嘆いていたりします。「他人にやらせようとする前に、まずは自分でやりなさい」と言いたくなります（笑）。どんな地域にも尖った、地域で新たな取り組みをしている人はいます。地域にいないのではなく、地域で活躍している人材が、そのような「やりもせずに嘆いているだけ」という人たちの周りには集まってきていないだけです。

私は初めての地域で事業を考えるとき、まずはその地域で若者たちにいちばん人気の飲食店のオーナーに会うことにしています。地元で感度の高い世代の市場をもっとも適切につかんでいる人物こそ、もっとも人材発掘力を持っています。そのような人物のまわりには、地域の活躍している人材が集まっているからです。すべてはそこから始まります。

適切なヒトのとらえ方をすれば、地域での課題解決が進むようになり、人材も集まるようになります。人口減少が、むしろ地域の生産性を高めるチャンスになるのです。

01

地方消滅

人口増加策より自治体経営を見直そう

「地方は人口減少で消滅する」という幻想

そもそも地方創生政策の発端になったのは、元総務大臣の増田寛也氏が代表を務める日本創生会議が「地方消滅」を唱えたことでした。「人口減少」によって「地方そのものが消滅する」というショッキングなメッセージは、わかりやすく社会を震撼させるにいたりました。

一連の「地方消滅」の議論では、3つの議論が混在しています。ひとつ目は「地方という存在そのものの衰退」、2つ目は「地方自治体の経営破綻」、3つ目は「国単位での少子化」です。これら3つをつなげて、都市部の出生率が低い、そのため出生率が高い地方に若者を送れば若者は自動的に子供を生むようになり、結果として地方も復活、日本も復活というシナリオが、地方創生政策の基軸となりました。

しかし、そんなうまい話はありません。

消えるのは、「地方そのもの」ではない

まず「地方消滅」という表現には大きな問題があります。地方消滅と言えば、地方そのものが消滅してしまうようなショッキングな印象を与えますが、正確には、増田氏は、人口減少により「今の単位の地方自治体が、今のまま経営していたら潰れる」ということを唱えているにすぎません。あくまで人口減少が続き、半減したら、その自治体は今のままでは立ち行かないから消滅してしまうと言っているだけです。つまり、地方消滅ではなく、「地方自治体の破綻」を人口統計を元にした仮説から警告したにすぎません。

しかし、この「地方消滅」という言葉はマジックワードとなってひとり歩きし、今の「地方創生」論議の発端となり、その内容を規定しています。

ここに問題があります。まず、「自治体消滅＝地方消滅」というように、地方自治体と地方を同一視していることが問題です。あくまで自治体はその地域における行政のサービス単位であり、その単位は常に組み替えを含めて環境に対応して再編され、人々の生活を支

えていくのが基本のはずです。人々は、自治体が人々の生活を支えるという「機能」のために納税をしているのです。自治体のために地方に住んでいるわけでも、自治体を支えるために納税しているわけでもありません。

もうひとつの問題は、「地方が消滅してしまう」という危機感を煽り、**少子化問題や、地方自治体の経営問題などをすべて「人口問題」に置き換えてしまうこと**です。合計特殊出生率を急激に上げ、さらに大都市から地方へ人が移動すれば、地方問題が解決するといった議論になっています。人口だけを軸にした「地方消滅」論は、地方が抱えるさまざまな問題を棚上げし、本質から目を背けさせてしまうことにもつながるミスリードを引き起こしています。

▼自治体は直近の財政破綻を危惧すべき

自治体の破綻は、人口減少だけが要因なのでしょうか。いいえ、**それより先に財政破綻の問題と向き合う必要があります**。財政が悪化し続けている自治体は全国各地に存在しています。夕張市のような自治体破綻の事例は決して稀なケースではなく、今後は多くの自治体が直面する可能性が高いのです。実際、2014年9月、千葉県富津市が、2018年には財政破綻に陥り、夕張市同様の財政再生団体に転落する見通しであることを明らかにして衝撃が走りました。2050年などを待たずしても、財政問題が原因で自治体自体が消滅する可能性があるのです。

過去の失政によって生み出された膨大な自治体債務をどうするか、福祉を含めた今後の支出増に対し、減少し続ける、限りある税収でどのように対応していくのか。**破綻しない社会を実現する「自治体経営」と向き合うことが本質です。**地方自治体の財政問題を人口減少問題に置き換えてしまうことは、本来、多くの自治体では直近の懸念事項である財政問題への対応を遅らせる懸念さえあります。**何でも人口減少が悪い、人口減少が改善されればすべて解決する、というのは幻想**です。むしろ夕張市は、自治体が破綻したからこそ人口減少が加速したことを忘れてはなりません。

▼国民を移動させる前に、自治体経営の見直しを

「地方消滅」論での処方箋では、地方自治体の経営改革にはまったく触れられていません。人口が少なくなるのであれば、公務員の絶対数の削減も必要でしょうし、人口が減少してもサービスは最低限維持できるように、複数の自治体が事業組合などを組織して共同で

広域公共サービスを提供するなど、従来の分散的かつ非効率なやり方を見直す必要もあります。さらに第2章でご説明したように、遊休公共施設や道路・公園などの利活用促進などによって、新たな公共収入を生み出すことも積極的に検討されるべきと思います。

「地方消滅」論は、自治体はサービス提供のやり方を変えるというわけでもなく、今の自治体単位もそのままにしたまま、人口問題で自治体が消滅するかもしれないから危険だ、と言っているのです。今のままで消滅しないためには、国民を大都市から地方へ移動させよう、また受け入れる地方の都合も無視して、都市から人を受け入れろ、というのです。これは、**単に帳尻を合わそうという発想であり、政治・行政を中心においた都合のよい社会の見方**ではないかと思うのです。

少なくとも少子高齢化問題は20年以上前から指摘されてきた問題です。私が小学生の頃から学校の教科書に載っていた社会問題でした。予測されていたのです。これからも人口は一定の予測が可能なものごとです。**それに対応して、自治体経営そのものを見直していくことのほうが、確実かつ必要な政策である**と思います。

大手予備校の代々木ゼミナールは、20年以上前から、来たる少子高齢化による生徒数減少を想定し、ホテルや高齢者住居への転用などを想定して自社ビルを建てていました。昨今、複数の校舎を閉校し、計画どおりにリノベーションして使うようになっています。一方で、全国の地方都市の駅前には、この10年以内に開業したにもかかわらず、ほぼ廃墟になっている公共施設が入った再開発施設が山ほどあります。この差はどこからくるのか。**経営の持続可能性に対する意識の差**であると言わざるをえません。

自治体経営のミスの積み重ね、将来の変化は見えているにもかかわらず、過去の方法の見直しをしない姿勢が、今の自治体の深刻な財政問題を引き起こしているのです。間違いの見直しをせずに、都市部の人が移住し、それを地域の人々が迎え入れればすべてが解決するということはないと思います。ザルに水を注ぐような話で、むしろ移住したとしても自治体が破綻する可能性はあるわけですから、とても無責任な話です。

▼大都市部の少子化問題と向き合うべき

「地方消滅」の議論で見落とされている問題は他にもあります。地方の魅力を高め、地方に移住する人が増加すること自体はもちろん、よいことですが、大都市部における少子化問題を考えなくてはなりません。具体的に言えば、**大都市における出生率をどう改善するか**、です。

国単位での少子化を問題とするのであれば、すでに人口の半数が居住する大都市部での出生率低下の原因を解消し、出生率改善に努めるというのが本筋でしょう。たとえば、少子化の要因としては、都市化によって生計費や養育費が地方よりも上昇していることが長らく指摘されています。これは大都市に生まれる子供と地方に生まれる子供の「逆差別」になっているとも言えます。この問題に、国レベルで福祉政策として向き合って解消し、出生数の増加につなげていく、という視点も重要でしょう。

こうした大都市部における出生率低下に対応せず、大都市だから出生率が改善できないと放棄し、地方に行けというのは極めて無責任です。大きな流れは都市への人口流入なのですから、その現実に沿った少子化対策をとっていくことが大切であると思います。

大都市だからといって出生率が改善できないわけではありません。世界を見れば、パリ、ロンドン、ベルリンといった世界の大都市では、この10年、出生率が改善してきており、OECD加盟国に見られる、人口密度が高くなればなるほど出生率が低くなるという負の相関関係は確実に改善されてきています。

ギャンブルのような一発逆転ではなく、潰れない自治体経営を

仮に、地方から大都市圏への人口移動が止まり、多くの若者が地方で子供を生むようになったとしても、それが国全体の労働力として成長するまでには一定の時間がかかります。それまで、深刻な財政問題を抱える地方自治体が今の経営のままで維持される保証はまったくありません。今の経営を続けることを前提とした上で、「地方に人が移住したり、爆発的に出生率が改善しなければ、地方自治体は潰れて、地方そのものを支えることは放棄せざるをえない」という現在の議論ほど無責任な話はないでしょう。

しかも、日本の自治体は**「破産」するというルールが存在していません**。夕張市はわかりやすい例です。財政が悪化していくと、一時的に日本政府がその借金を肩代わりし、毎年の予算から借金を返済し続けなくてはなりません。結果として、住民からすれば納税しても納税しても借金返済に予算が使われていき、公共サービスが削減されてしまうわけです。自分たちの上の世代による失敗の結果つくられてしまった借金の返済を、現役世代、そして未来の世代が永遠に強いられるのです。「破産」というルールがないということは、そういうことです。そのため、多くの人たちは、その地域を去ることを選択するようにな

るのです。
親がつくった借金を子供、孫までが永遠に支払い続けなくてはならず、そして自己破産さえも許されない。自治体経営の恐ろしさがここにあります。

「地方消滅」論の大変わかりにくいところは、**地方自治体が今のままでは破綻する、という警告は重要ではあるものの、その根拠と処方箋に大いなる問題がある**という点です。

指摘自体は正しい。しかし、これまで述べてきたように、問題の所在は、人口問題だけではなく、処方箋としては、人口問題だけでは解決せず、むしろ政治・行政の運営・経営に関する問題が大きいのです。人口問題については、地方から考えるのではなく、大都市部の出生率問題と向き合うべきです。日本より人口が少ない国でも公共サービスを立派にやっている国はあるわけですから、できないはずはありません。

今必要なのは、人口が爆発的に増加する時代に対応した自治体経営や各種社会制度を見直すことではないでしょうか。人口移動だとか、地方創生交付金の創設といった、一発逆転を狙うギャンブルのような非効率な「量」を追う施策ではなく、**自治体経営の構造を社会の変化に適応させて「破綻に追い込まれない地方自治体」を構築することこそ、自治体にしかできない重要な役割**なのです。

02

人口問題

人口は増えても減っても問題視される 変化に対応可能な仕組みをつくろう

そもそも人口問題は、現代に特有の問題なのでしょうか。そんなことはありません。人口論の歴史は戦前まで遡ります。何より、**日本において、人口問題は常に「人口減」を誘導したり、「人口増」を誘導したりを繰り返してきている**のです。

▼「人口抑制」が推奨された時代があった

明治維新以降、日本においては急増する人口をいかに食わせるかが常に課題でした。グアム、ハワイ、ブラジル、アメリカなどへの集団移住政策も、国内よりも豊かな地域に行って成功できるというシナリオをもとに、過剰人口の移転を狙った政策のひとつでした。さらには満州への進出などアジアへの侵略理由として、「膨大な人口を食わさなくてはならない」ということが背景にあったと語られたわけです。今では考えられない話ですが、かつては人口が増えすぎて、国内では賄えないから国外に進出してどうにか食わそう、という話があったわけです。

とはいえ、今でも人口が少なくなったから若者を地方に送って子供を生ませろなどという政策が大まじめに議論されるのですから、当時このような政策が実現したのも不思議ではありません。

さて、それでも、食料供給問題の議論は過熱していきます。大正時代には「米騒動」が発生するなど、さらなる政策的な対応が必須となり、「人口抑制」策が議論されるようになりました。適切な規模に人口を抑制し、食料を適切に行き渡らせるようにしようとしたわけです。

このような人口問題の議論から、地方消滅論の元データともなっている各種人口統計を提供する、国立社会保障・人口問題研究所の前身となる機関が1939年に設立。**計画的な人口抑制策の議論が本格化**しました。

これらの理論的背景は、1798年に発表された経済学者ロバート・マルサスの『人口論』にありました。人口が急増する中、食料生産の増加スピードが追いつかなくなり、社会が貧困にあえぐことを唱えたものです。

この理論を背景にしつつ、実態として起きる米騒動。政府は「人口が増加しすぎている」ということを前提にして、「少子化」を推奨するようになったのです。


しかしながら、人口抑制政策は長続きしませんでした。

日本が戦争に突入した後に議論は一転し、戦力の確保のために「産めよ増やせよ」へと政策が転換します。ここでナチスドイツの採用していた優生政策の影響を受けるとともに、国家主義的な思想を象徴する政策へと、人口論は転換していきます。

つまり、今度は「戦争に人口が必要だから人口を増やせ」という話になったわけです。食わせるのに大変だから他国に進出したのに、今度は戦争で勝つためにはさらなる人口が必要だという話になったわけですね。


しかし、結果は言うまでもなく、我が国は敗戦を迎えることになります。

▼戦後、GHQも推進した「人口抑制策」

戦後、GHQの顧問として日本の人口政策について見解を述べた人口学者W・S・トムソンは、当時の猛烈な人口増に危機感を示し、受胎調節を進言しました。つまり適切な避妊などを行い、人口を抑制しなくては、戦後復興は不可能であると述べたのです。

戦後は食糧難の中、外地から引き揚げてくる人々、さらにベビーブーム到来で、日本全体を過剰人口論が覆っていったわけです。

そして、避妊などを通じた産児制限に官民を挙げて取り組んだ結果、ベビーブームが収束。それでも1950年代を通じて、厚生省は人口抑制を推進する見解を続けており、「出生率の低下」こそ日本に必要な政策であるとしていました。

何より、1950年代は「農村における過剰人口問題」が政策的に活発に議論され、過剰人口である次男坊・三男坊といった若者たちを都市部へと移動させることで、農村部の過剰人口問題に対応。さらに、不足する都市部の労働力を補完することが、「日本の経済成長を支える」ものとされたわけです。

これを見ていけば、**現代の地方消滅論とまったく逆の構造**であることがわかります。地方の過剰な人口を都市部に持ってくることで、都市部の問題と地方の問題をトレードし、さらに日本の成長に寄与するという話です。

しかし、その後農村は過疎化し、都市部は急増した過剰人口による住宅不足をはじめとした、さまざまな問題を抱えることになるのは言うまでもありません。

▼人口は増加しても減少しても社会問題になる

このように、かつて日本では「人口爆発」が社会問題として語られていました。つまり、**人口は「増加しても問題」「減少しても問題」**なのです。実際、明治維新後の日本の人口は激増するばかりで、1億人を超えると大変だ、人口爆発問題をどうにかしろと言ってきたわけです。今は1億人を割ったら大変だ、人口減少をどうにかしろとなっているわけです。(図表3−1)。

人口が増加するから日本が潰れると言ってみたり、減少するから日本が潰れると言ってみたり、人口論に関する議論は極めて場当たり的です。そして何より皮肉なのは、人口問題は人口政策によって解決されてきたわけではないということです。

図表3-1　明治維新から現在までの人口の推移

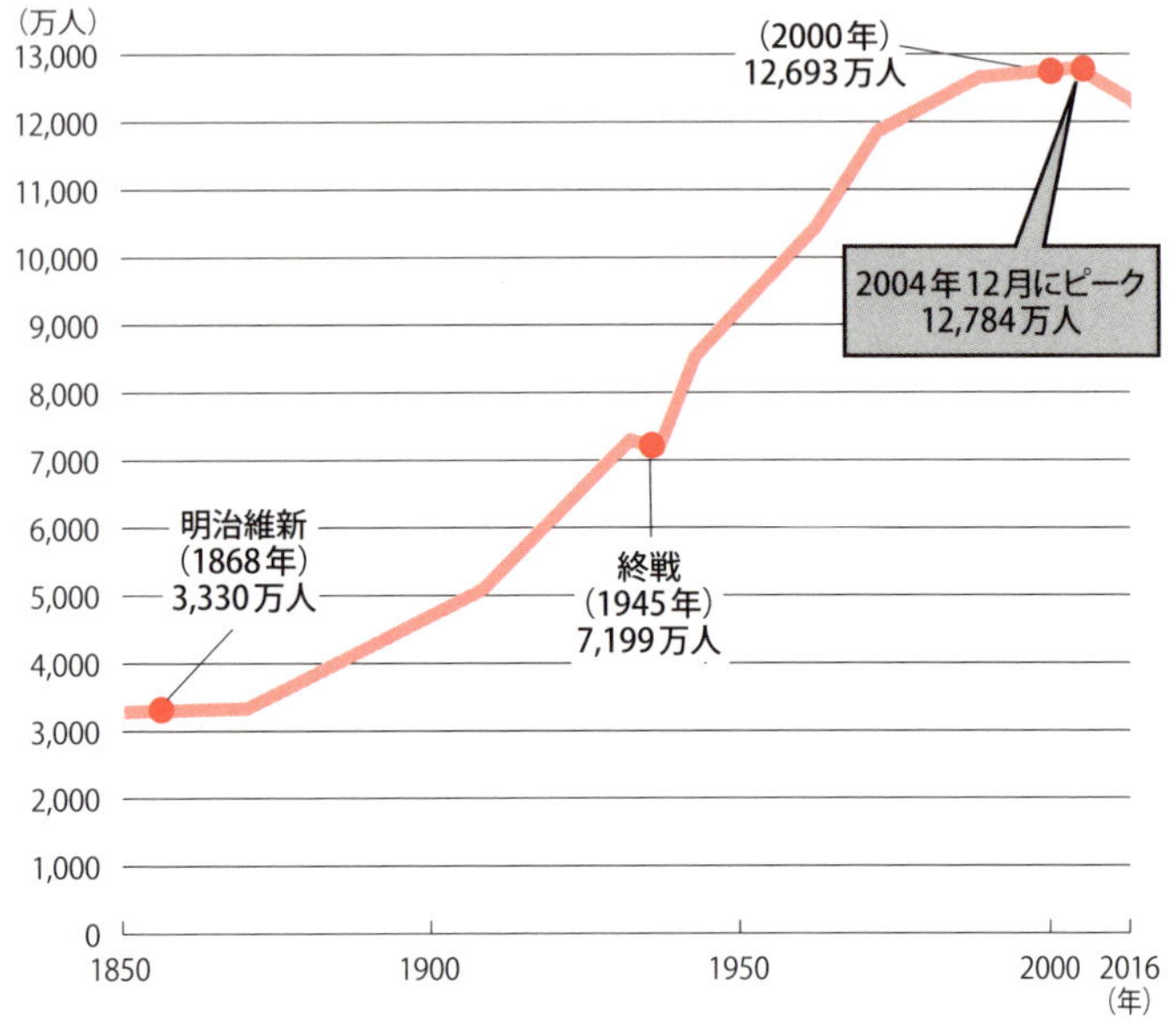

かつての過剰人口論では、日本は8000万人程度の人口でも過剰であり、6000万人程度に抑えるべきだとされました。それは食糧問題を基礎にしていたからです。しかし、実際には農業の生産性改善とともに、工業化によって獲得した経済力をもとにして食料を海外から輸入することで乗り越え、1億2000万を超える人口をも支えられるようになりました。**人口増加を、経済・産業の発展で乗り越えた**のです。

同様に人口減少への対応策についても、人口を闇雲に増加させるような政策ではなく、**経済・産業政策をもって新たな財を稼ぐ方法を検討し、乗り越えていく**しかありません。むしろ、食わせなくてはならない人口は減少していくわけですから、経済力を確保し、向上させることができれば、地域はより豊かになっていけるはずです。

そのためには、人口過剰状況を前提とした過去の低生産性社会から脱却し、**人口に左右されない生産力を確保**することが必要です。

労働力をロボットや人工知能などによって代替していくことも重要ですし、資産についても、占有するモデルからシェアリング・エコノミーなどで共有化するモデルへと転換するといった工夫を通じた、高生産性社会への移行も必要になります。

人口論に惑わされない、減少する人口を前提とした経済、社会の設計が求められます。

地縁と血縁の「横並びルール」が発展を阻害する

観光客数ではなく、観光消費を重視しよう

さて、人口論は実際に生まれ、亡くなる人を指す「定住人口」だけに留まりません。「交流人口」という、もうひとつの人口があります。ある地域に観光などを目的に訪れる人口のことです。

地方、そして日本において、「定住人口」をいきなり増やそうといっても、極めて困難。そのため、地域活性化のためには「交流人口」を増加させ、住んでいないヒトを頼りに消費をしてもらおうという話になるわけです。

「交流人口」を増やそうと、地域活性化分野で極めて熱いのが「観光」です。

地方にとって、観光産業が潜在成長力のある分野であることは言うまでもありません。図表3-2のように、2015年には訪日外国人観光客が約1973万人となり、2016年も大きく伸びているわけですが、世界レベルで見れば国際観光客数は11億人超。日本に

図表3-2　訪日外国人旅行者数の推移

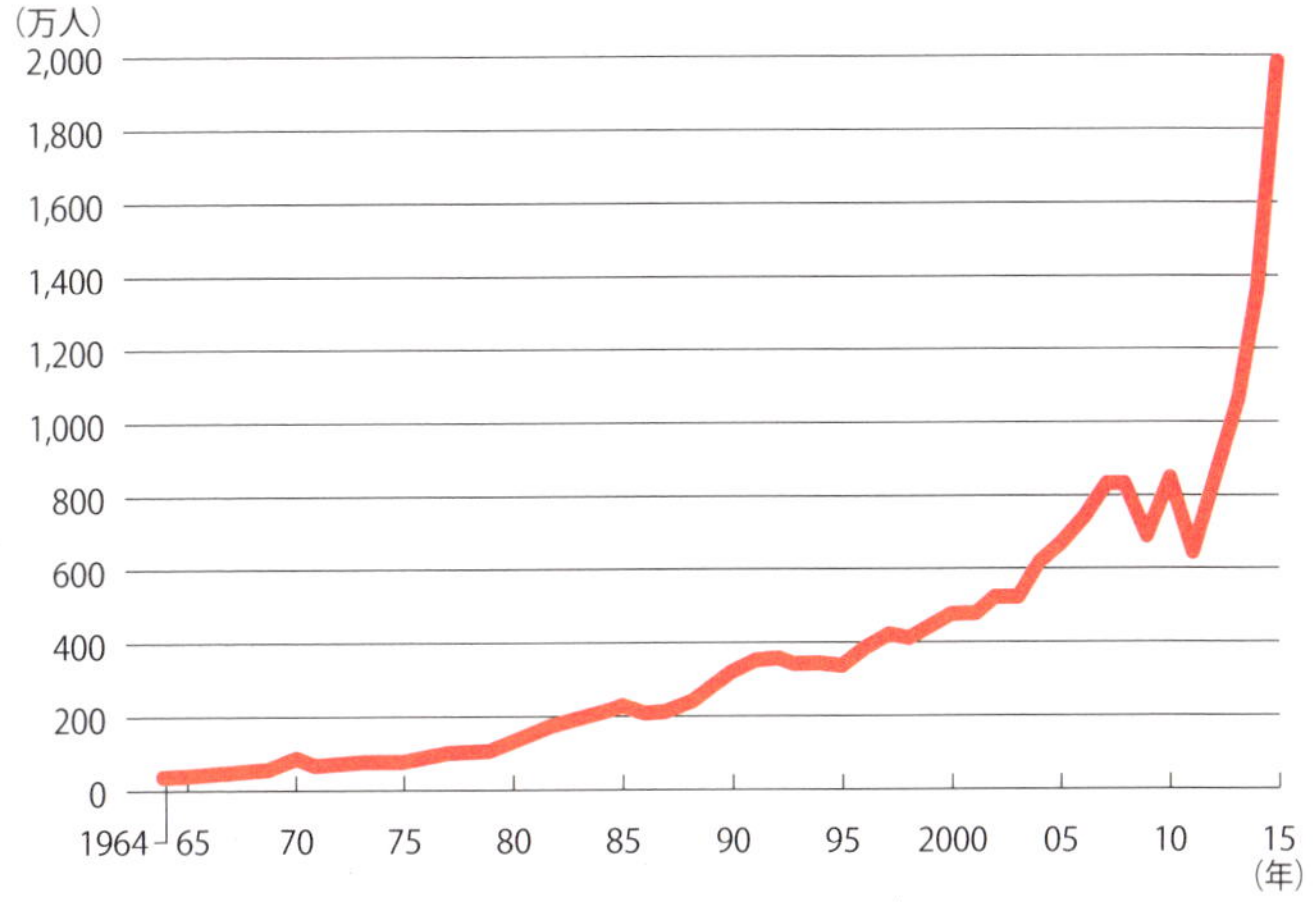

(出所)「毎日新聞」2016年1月19日
http://mainichi.jp/articles/20160119/k00/00e/020/140000c

とってはまだまだ攻めて行ける「可能性に満ちた市場」です。

しかしながら、地方の有名観光地を訪れると、残念ながら「可能性は可能性のまま終わり、そう簡単に成長はしないだろう」と感じるのです。

▼わかっちゃいるけどやめられない「過去」への執着

どういうことでしょうか。

有名観光地においては、どこでも**独特な商慣習**があります。

「歴史的資産を見るために、一生に1度は訪れたい」というレベルの観光地なら、黙っていても大量の観光客が毎年続々と訪れます。特に、神社仏閣などでは御開帳や遷宮など、さらに爆発的に人を呼び寄せるタイミングがあり、「コバンザメ商法」によって観光ビジネスが成り立っているところもあります。つまり、**観光施設などの観光サービス業の力によって人を集めているのではなく、あくまでそれらの地域が歴史的に形成してきたブランドの「付帯ビジネス」になっている**のです。

そのため、ホテルや旅館などの宿泊施設や関連サービスは、いまだに**「一見《いちげん》さん相手のビジネスモデル」**を繰り返しているところが少なくありません。「いかにしてツアー客を自分の施設に呼びこむか」が勝負。そのため、旅行代理店などに送客費用を支払い、あとは「できるだけ限られた予算の範囲でこなす」という話になります。**自らの施設やサービスの品質によってリピーターを獲得しようという話には、なかなかなりません**。

これは宿泊施設だけでなく、土産物屋や観光地の飲食店にも言えることです。

どこでもこぞって同じような商品を並べ、どこの地域も、パッケージを地元向けに変えただけで中身はほぼ同じの温泉まんじゅうなどが並ぶ。さらに、観光地の飲食店といえば「観光地価格」で、大した品質でもないものを高く売りつける。

これらの商慣習は、ある時期までは合理的であったとも言えます。

つまり、多くの人が指摘するように、団体が観光の主流だった時代まではよかったのです。しかしながら平成バブル崩壊後は個人旅行が中心になり、個々人が観光ルートを設計するようになりました。さらにネットでの手配が増加し、従来の「一見さんビジネス」は評判が知れ渡り、能動的な観光客はますます泊まらなくなっています。

しかしながら、わかっちゃいるけどやめられない。一見さんビジネスを続けているから、一定の団体客は来るものの個人客が遠のき、自力では顧客を集められない。集められないから、ますます団体旅行や代理店手配の客ばかりに依存するという悪循環から抜けられなくなっているのです。

▼地縁と血縁による「横並びルール」が成長を阻害

さらに観光地においては、観光協会、旅館協会など、さまざまな協会が存在し、「横並びルール」を極めて重要視しています。

たとえば、土産物屋などの営業時間も横並びで、夕方5時閉店となれば、皆でそれを守らなくてはならないといった具合です。

夜営業しても客はほとんど来ないからやらない。これは商店街でもよくあるパターンです。

「客が来ないから閉店する」と言うけれども、店を閉めれば、そもそも客がくるはずがありません。さらに客が遠のくから、ますます営業時間が短縮されていく、という負の連鎖です。**そもそも「客が来るから店を開く」という発想自体がおかしくて、いかに客にきてもらえるかという「知恵出し」を放棄してしまっている**わけです。夜も開けて、夜来てもらえる営業企画を考えよう、朝も開けて商売になるにはどうするか、ということにはならないわけです。

これには、**地方の観光産業が地縁型事業であり、家族型事業であるという側面が強く影響しています**。

地縁型事業だからこそ、横並びルールを逸脱し、地域でにらまれると営業しにくくなる。「ムラ社会システム」を壊してまでリスクは負いたくない。さらに家族型事業だから、無理して業績を伸ばすのではなく、一定の規模を維持できればそれで十分、という思考になりがちです。何より、有名な観光拠点があるために、黙っていても一定の集客を実現できます。恵まれた観光地ほど、この傾向は強いのです。

地域の潜在成長性を引き出すために、やるべき投資を行い、営業方法を変化させ、互いに競争しながら成長していくというよりは、地元の横並びルールを守り、家族でそこそこ経営を成立させるという方向にインセンティブが働いてしまいがちなのです。

文化やライフスタイルで稼ぐ、地方の新たな観光

とくに地方における観光産業において大切なのは、観光客数ではなく、観光消費単価、そして観光消費総額です。航空会社や鉄道会社は、たくさんのお客さんが移動するだけで儲かりますが、地域は来ていただいた観光客に宿泊してもらったり、さまざまなカタチで飲み食いをしてもらったりしなければ儲かりません。つまり、観光消費こそ大切なのです。

そのためには今後、前述のような受け身の姿勢で、地場観光産業の過去の商習慣を守ったり、地縁・血縁型で展開するやり方だけでは、多数の観光客が訪れても観光産業は伸びません。むしろ、自分たちの事業方法を積極的に改める必要があります。これまでの**「10万人が1000円使うような観光」を、「1000人が10万円使うような観光」に変えていく**ことが、小さな地域にとって現実的な、観光産業の高生産性化施策になるわけです。

たとえば、越後湯沢という場所にありながら、スキー観光とは一線を画した「里山十帖」。これは『自由人』という雑誌を刊行している出版社がオープンさせた温泉旅館です。廃業予定の温泉旅館を独自の価値観でリニューアルしたこの旅館は、「いたれりつくれせりで

はありません」「木造なので音が響きます」「虫の住処に建っています」「基本的にお子様のご利用はご遠慮いただいています」と謳うなど、従来の宿泊施設の常識を覆す経営方針ながら大人気となり、90％を超える客室稼働状態が続いていて、予約が取りづらい状態です。しかも、客単価は平均3・5万円を超えています。大きな宿は地方ではつくれない。けれども、小さくとも単価が高く、稼働率のよい宿泊施設は可能であることを教えてくれます。

地方においては、意思決定を既存の地元プレーヤーだけに任せない「ガバナンスの再構築」が非常に重要です。このガバナンスの再構築によって、新たな資本・人材の流入や、地域内での異業種への参入を促す必要があります。そうすれば、日本の地方が保有するさまざまな資源は、可能性から、実際に価値を生み出す段階へと移行していくのです。

04

新幹線

「夢の切り札」という甘い幻想
人が来る「理由」をつくり、交通網を活かそう

地方は不便だから人口が減少し、衰退する。だから地方を便利にすれば、ヒトが集まり、企業なども東京からスイッチして地方に集積していく。このような理論を背景にして整備されてきたもののひとつが、「新幹線」です。

2015年、北陸新幹線が開業。そして、2016年、北海道新幹線が開通しました。北陸新幹線は比較的順調と言われる一方で、大きく旅客量を奪われた空港路線は苦境に立たされています。食い合いということですね。一方で、北海道新幹線は開業初日はよかったものの、その後は一気に低迷。当初から赤字路線化が既定路線であったとはいえ、何とも厳しい状況にあります。

ここで気になるのは、**「新幹線は本当に地域活性化に役立ってきたのか」**ということです。

新幹線は地方創生の「夢の切り札」ではない

地域での取り組みを考えるとき、その地域が抱えるすべての問題が解消される「地域活性化の起爆剤」がいつも期待されます。新幹線はそうした「夢の切り札」とされてきました。しかしながら、**新幹線は過去の結果を見るかぎり、「つくって地域活性化完成」「つくって終わり」ではありません**。

かつては、地方の社会資本が手薄だったので、「いかに新幹線を地方に持ってくるか」に、皆の注目が集まっていました。つくるまでが大切だったのです。しかしつくったからといって、はたして、その地方は活性化したのでしょうか。答えは皆さんもご存知のとおりです。図表3−3を見ればわかるように、約半世紀をかけて、新幹線だけでなく、高速道路、地方空港含め、かなりの交通網が整備されてきました。**今後の地方活性化には、つくることよりも、むしろ「いかに活用できるか」が求められる**のです。

では、地域活性化においては、新幹線開通とともに、何が起きるのでしょうか。その結果、どのような対策をとらなくてはならないのでしょうか。さっそく過去の教訓を踏まえ

図表3-3　交通関係社会資本整備の推移

■1965年

	総延長・カ所
高　速　道　路	189.7（km）
新　幹　線	515.4（km）
空港（滑走路長2,000m以上）	5（カ所）

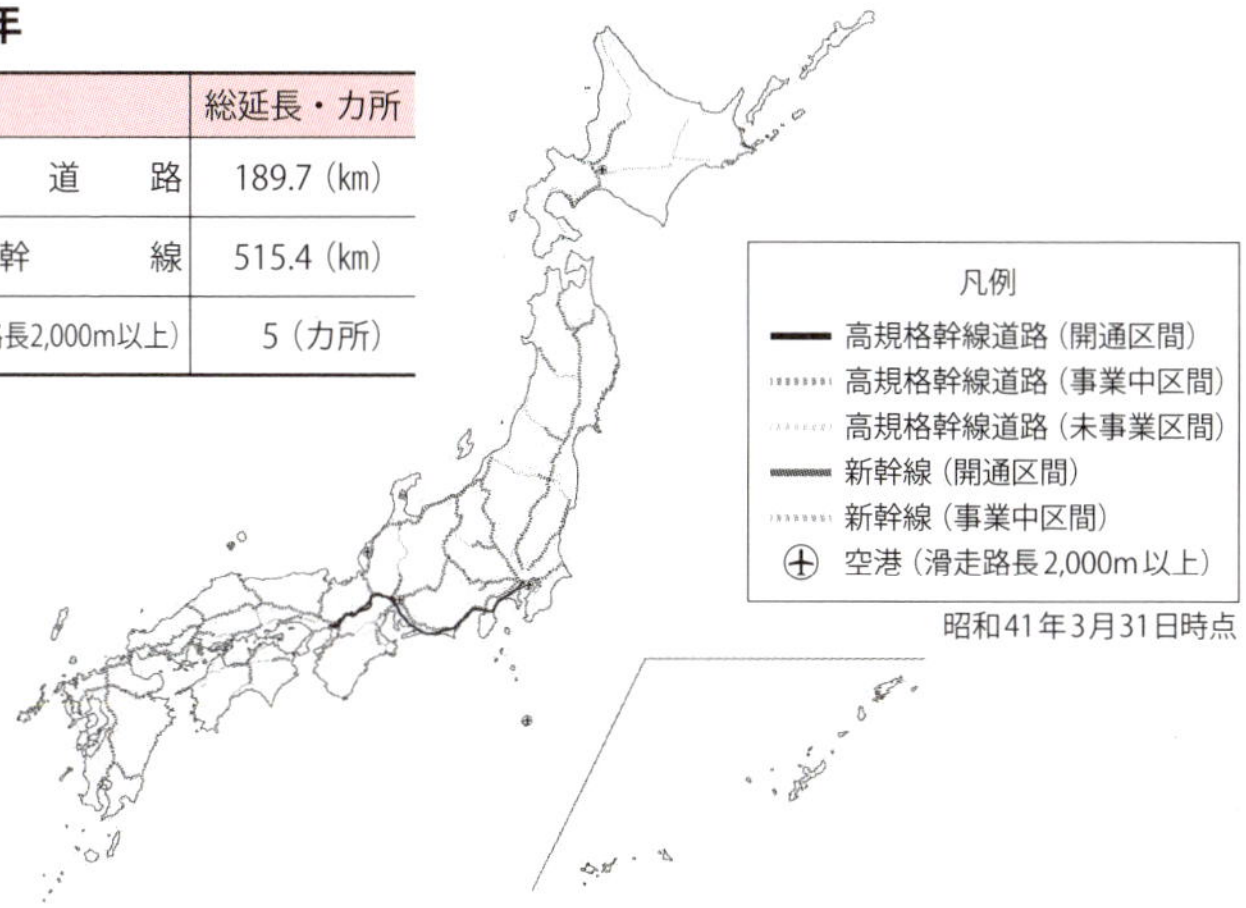

■2012年

	総延長・カ所
高　速　道　路	10491.6（km）
新　幹　線	2623.5（km）
空港（滑走路長2,000m以上）	66（カ所）

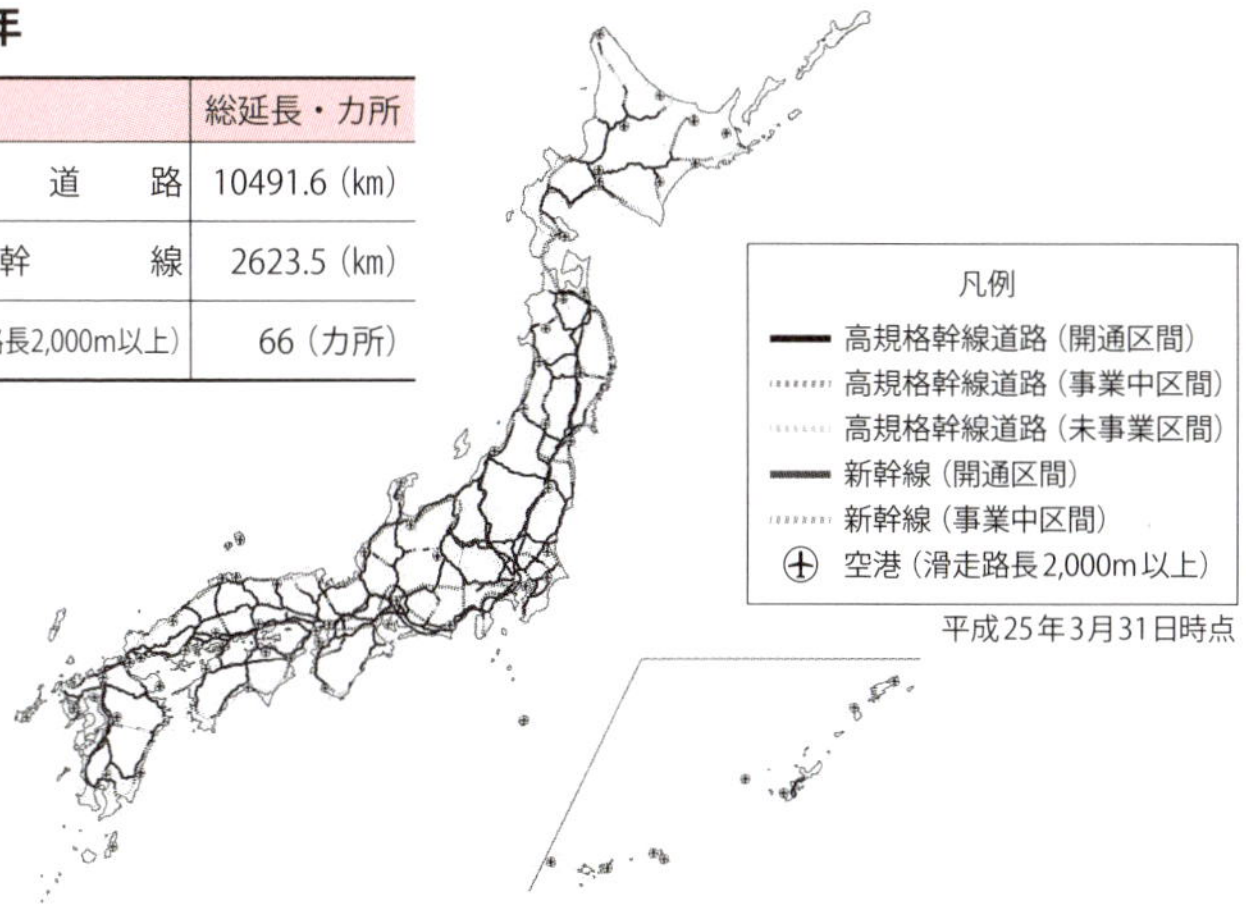

（出所）国土交通省　総合政策局資料

ながら、皆さんと今一度考えたいと思います。

▼交通網は「ひとつの手段」にすぎない

2015年3月に石川県の金沢まで開業した北陸新幹線も、「北陸地域活性化の起爆剤」になることが期待されています。

石川県の新幹線開業影響予測調査によれば、新幹線による観光・ビジネスを含めた「経済効果」は年間約121億円と試算されていましたが、当初予想を大きく上回り、約421億円に達しました。石川県の観光産業の規模は約2600億円ですので、これから観光産業が一定レベル伸び、波及効果もあることが予想されます。

とはいえ、石川県の県民総生産は4・2兆円もあります。新幹線開業の効果があるとはいえ、新幹線効果だけで石川県全体がいきなり再生とはいきません。あくまで「一つの手段」でしかないという冷静な見方が必要です。

新幹線が開発されてから半世紀が経ちます。先述のように、日本全国で空港や高速道路といった高速移動手段が多様に整備され、半世紀前よりも新幹線の優位性は相対的に落ちています。さらにインターネットの存在も加味すると、仕事や居住地域の選択、観光行動、商圏構造などはますます複雑になっています。

▼新幹線を成果に結びつける3つの条件

こうして見たとき、まず重要なことは何でしょうか。それは「新幹線に過剰な期待をしない」ということです。**自分たちのまちは、何で食っていくのか。そのために必要な取り組みは何か。その基本方針のほうが大切**です。それを実現するために、交通手段を活用するのが基本です。

過去のケースを振り返ると、新幹線の開通に際しては、以下の3つが成功のための必須条件です。ひとつひとつ見ていきましょう。

●必須条件1：他と異なる「地域独自の営業」をしよう

すでに地方の新幹線としては、東北新幹線、上越新幹線、九州新幹線が開通しています。では、これらの新幹線は、地域を再生してきたのでしょうか。

一部については「再生してきた」と言えるかもしれません。しかし、1982年開通の上越新幹線の開通前後の5年を見ると、新潟県内の人口増加率は低下、県民総生産の増加率も低下しています。近年ではこの傾向が加速しています。

1997年開通の長野新幹線はどうでしょうか。やはり開通前後を見てみましょう。長野県内では、1996年と比較すると2001年までに人口こそ約3万7000人増えたものの、事業所は約5100軒減少、従業員数は約3万人減少しました。その後、長野県も2002年以降は人口減少に転じ、その減少幅は、むしろ全国平均よりも大きくなっています。

専門家の中には、新幹線駅のある市町村の、短期的な統計だけに着目する人がいます。典型的なのは初期の誘客効果を見て、「心配されたような（東京などの大都市に吸い取られる）ストロー効果はなかった」などという人もいます。しかし、**長期的には、もしくは広域で見れば、長野のケースでもわかるように、確実に地域外に都市機能が吸い取られています**。単に、新幹線を引くだけでは厳しいのです。


一方で、「独自の活用法」を選択した地域は、効果を出しています。

たとえば、長野新幹線の軽井沢です。軽井沢は宅地としての魅力を基本軸にしており、いまだに需要が堅調に推移し、高く評価されていることは多くの方もご存知のとおりです。単に商業や観光だけでなく、**「住んでもらうための新幹線」**という活用法を選択することによって、人口増や地元市場規模の拡充につなげています。

また、上越新幹線の通る新潟県大和町（現在の南魚沼市）は、新幹線開通と共に、国際大学や県立国際情報高校の誘致で一気に学術集積を図っています。英語教育の必要性が声高に叫ばれ始めていますが、国際大学はすでに英語を学内公用語として採用し、教育レベルも国際的に評価を得ています。これに伴って、新潟の優良企業が本社を移転してくるなどの集積も果たしています。

軽井沢や南魚沼市のケースでもわかるように、エリアの特色を活かし、「どうしたら大都市圏との競争でも優位に立てるのか」という、明確なターゲット思考が重要です。つまり、突き詰めれば、**「その場所に行くだけの、明確な目的づくり」**が求められているのです。

これに対し**最悪なのは、単に新幹線を引いてしまうだけ**というケースです。一般的な交付金の対象になるような「駅前広場整備」「区画整理」をして、補助金が出るからといって、観光での誘客キャンペーンを展開してしまいます。こうした「従来型の模範解答」をやってしまうと、間違いなくその地域は埋もれて、衰退してしまいます。

●必須条件2：新幹線開通で逆に不便になる地域内交通を、どう再構築できるか

新幹線ができると、都市間の移動は目に見えて便利になります。反面、地域内での公共交通が不便になっていくという、厳しい現実があります。

新幹線に並行する在来線などは、第3セクター方式で切り離されることが珍しくありません。大抵は赤字路線のため、運賃は従来よりも1・2〜1・5倍程度も値上がりします。さらに特急路線の廃止、JR関連バスの再編なども行われ、新幹線以外の地域内公共交通は、ますます高コストかつ不便になります。

そのため、新幹線駅が近隣にない周辺地域の活用という点では、「新幹線＋在来線」だけでなく、**「新幹線＋アルファ」でいかに来てもらえるか**という活用法を考える必要があります。

たとえば、新幹線駅から離れた地域の例としては、青森県八戸市において、郊外の生鮮卸売市場の観光拠点化で成功している「八食センター」があります。八食センターでは、八戸駅からの「八食100円バス」を運行し「新幹線＋バス」でのルート開発で観光誘客へとつなげています。さらに市街地を結ぶ「八食200円以下」バスも運行し、駅と郊外である八食センター、そして街なかを結んでいます。

その際、**拠点経営的に重要なのは、「地元利用（卸や小売）＋観光利用」という組み合わ**

せて構成を考えることです。観光客には常に波があります。あくまで基礎収入は地元客で確保しつつ、新幹線駅を活用した観光客収入については「ボーナス的な位置づけ」をすることによって、安定的な経営と「伸びしろ」を確保するのです。

このように、地元として明確な来訪目的をつくりつつ、「不便になった地域内交通網を補完する手段を、独自に用意すること」が、新幹線駅拠点だけでなく、周辺地域へ波及を生み出す上で非常に大切です。

●必須条件3：目に見えない資本ストロー効果を防ぐため地元資本投資を行う

さて、大事なことは3つと言いましたが、3つ目は何でしょうか。ストロー効果の話です。先述のように、新幹線開通で地元事務所などが閉鎖され、人も大都市部へ流出するなどのいわゆる典型的なストロー効果も一部では見られます。石川県も実際に、北陸新幹線によるこうした「ストロー効果」を「年27億円のマイナス」と試算しています。

しかし、実は、目に見えない地域間のストロー効果もあります。それは大都市資本が地方にどんどん進出し、「地方市場をどんどん席巻していくという構造」です。

わかりやすいのは、新幹線の主要駅における駅ビル開発でしょう。主要駅の駅ビルのテナントを見るとわかるように、東京や大阪資本の百貨店や大型チェーンストア企業ばかりです。

これは何を意味するでしょうか。大都市資本企業の地方都市進出は、地元にとっては一見利便性が高まります。人が集まり、事業所数も増加し、雇用も拡大し、歓迎されるべき話に見えます。しかし**大都市資本の進出が進めば、その地域から生まれた利益は、結局、チェーンを通じて大都市へと吸い上げられる**のです。

では、指をくわえて見ているしかないのでしょうか。そんなことはありません。たとえば、鹿児島中央駅前では、地元の事業者によって「かごっまふるさと屋台村」が経営されています。若手経営者を中心に切磋琢磨しており、活気にあふれています。新駅周辺に形成される新しい市場に対しては、小規模でもいいから地元事業者が商機を見出して投資することが、極めて大切なのです。

▼「インフラの先にある目的をつくること」を考える

大都市間の高速・安定・大量の輸送を可能にする新幹線は、国家単位での生産性改善にはさまざまな面で合理性があると思います。一方で、**地方にとっては明確な活用方法を独自に考え、対策を打たなくては、逆効果になることもある**のです。

新たな産業や拠点のつくり方、まちのあり方を考える機会となれば、新幹線を活用することも十分に可能でしょう。観光産業での活用もありますが、ありきたりな観光イベントやツアーだけでは不十分です。見てきたように、独自のターゲットを定めた営業、新幹線と在来線だけでない独自の交通補完、さらに地元資本での投資が成功の「必須3条件」です。

もう一度言いますが、**重要なのは新幹線をつくることではなく、人が新幹線に乗ってやってくる「目的」をつくること**です。そこを間違えると、ヒトを集める活性化の起爆剤どころか、かえって逆効果になることすらあります。これは、新幹線に限らず、高速道路や地方空港といったあらゆるインフラに言えることではないでしょうか。

05

高齢者移住

あまりにも乱暴な「机上の空論」
「だれを呼ぶのか」を明確にしよう

さて、地方創生政策では、若者の地方移住だけでなく、高齢者も地方へ行けという話になっています。その背景になったのが、2015年6月4日、地方消滅論を唱えた「日本創成会議」がまとめた、新たな提言です。

ひとことで言えば、「今度は東京圏の高齢化が大変。このままだと首都圏では高齢者の増加で医療・福祉がパンクしてしまうので、高齢者の皆さん、地方に行きましょう」という話です。

初年度の提言は「若者×地方活性化」（少子化対策）でしたが、2年目には「高齢者×地方活性化」（高齢化対策）という提言をしたわけです。

▼人は「供給側の論理」で移動するのか

実は「高齢化によって、首都圏で病床や医者が足りなくなる」という問題は、長らく議論されてきた内容で、問題自体はたしかに深刻です。しかし、政策として重要なのは、リアリティであると思います。

これまでも、東京だけでなく、地方の政令指定都市や中核市などの人口は総じて増加してきました。周辺都市部からの流入が進むからです。都市部に人口が集中するのは、若者にとってさまざまなメリットがあるからです。その最たるものは雇用機会でしょう。高齢者もまた、さまざまなメリットがあるから都市部に移住するわけですが、理由のひとつが、医療福祉サービスが充実していることです。

さて、一定の蓄えのある高齢者の移住は「誰からでもいいから、とにかくサービスを受けたい」ではなく、「できるだけ選択肢がある高いレベルの医療・福祉を受けたい」というニーズに基づいています。移住者だけではありません。もとから都市部に住んでいる高齢者も、レベルの高い医療・福祉を得られる期待があるのです。

ということでいくと、読者の皆さんは「これから都市部でベッドは足りなくなります。地方にベッド数が結構空いている場所があるので、行ってください」と言われたところで、どうしますか？　もし自分が当事者であれば「はいそうですか、わかりました」と言って、素直に地方に行くでしょうか？

若者に対して強制的に「子供を生むには地方に行きなさい」というのと同様に、高齢者に**「これからは医療福祉サービスを受けたければ地方へ行け」というのも、何とも無理やりすぎる提言**なのです。

▼地方自治体の問題は人口問題ではなく、財政問題

では、肝心の地方の医療はどうなっているのでしょうか。地方に行くとわかりますが、ときどき都市の規模とはあまりに不釣り合いの巨大な病院がそびえ立っているところがあります。しかしながら、そうした巨大病院でさえ、医師不足だけでなく、実は地元自治体の医療費といった社会保障に関する財政負担が重いため、拡充できないという話がありま す。**地方の病院経営が盤石とはかぎらない**のです。

2014年の「地方消滅」に関連した提言では、主に出生率の違いだけを見ていました。

2015年の提言では、主にベッド数の「地方の空き」と「都市部の不足」ばかりを見ています。「ベッドの空き」があるだけで、はたして高齢者の方々をサポートできる医療福祉キャパシティ（収容能力）が地方にあるといえるのか、という問題があるのです。

当たり前の話ですが、今回の話について、地方自治体からは「財政的な支援についてもあわせて考慮してもらえるのだろうか。高齢者だけ押し付けられても困る」といった声があがっています。まさにそのとおりです。何度も繰り返しているとおり、**地方自治体にとっての問題とは、人口問題の以前に、財政問題**です。財政負担となる医療福祉を必要とする人たちを支えるだけの財源が地方に十分にないことが問題なのです。

▼地方負担が大きくなる地方政策!?

今回の提言は、大筋で言うと「地方にはある程度、ベッドがあまっている。高齢者を集めてその余剰ベッドを活用すればよい」ということなのですが、実は、提言を見ていくとそれに留まりません。

たとえば、「人材依存度」を下げるために、ロボットによる介護などを展開しようということも提言されています。一瞬、地方の人手不足を解消してくれそうで、一石二鳥のようにも見えます。しかし、実はこれは特段、実施の場所が地方である必要性はないのです。

さらに、「住居環境の整備から都市機能の集約」といった、都市整備全般を見据えた提言となっていることに注意が必要です。百歩譲って、医療福祉施設であれば、まだ今の施設を使うことができます。しかし、東京圏などからの大量の居住者が押し寄せ、居住から生活サービス全般の面倒を見るとなればどうでしょうか。当然ながら、地方では、現状の医療・福祉予算だけではまったく足りなくなります。

なるほど、「空き家活用」という方法も指摘されています。しかし、実は東京圏も、空き家比率こそ全国から見れば相対的に低いものの、もともとの住宅戸数が多いという事実が抜け落ちています。

つまり、率は低くても、空き家の実数は膨大なものがあるのです。たしかに、用地取得から開発までという新規施設整備で言えば地方のほうが安くあがる場所が多いかもしれません。しかし、すでに使われなくなった「既存ストックの活用」という観点であれば、都心周辺部でも十分に優位性があるでしょう。もう少し精査がいる議論なのです。

さらには、地方への移住促進のために、補助金を出すなどの提言もされています。しかし、実はこれまでも地方自治体から、移住定住促進のためのさまざまな金銭的インセンティブが出されましたが、それだけで人の流れが変わることはありませんでした。

さらに「雇用延長によって高齢者の地方移住が減少している」という見方があるようですが、年金などの減少や今後の生活不安を考えると、「定年を迎えて気楽に田舎暮らし」などというのは、これからの高齢者にとって「高嶺の花」になってきていると言えます。であれば、やはり都市部にいられるまではいて、働けるだけは働こうという考え方になるのも当然ではないでしょうか。

結局、**無理やり人を地方へ移動させようと思えば、それだけインセンティブを用意し、関連施設整備などまで展開しなくてはならない**のです。そうなると、地方に医療福祉の余剰ベッドがあるというだけで、地方に行けばよい、とは言い切れないはずです。

▼人口移動だけで、縮小社会の問題は解決しない

結局は**社会問題を人口移動だけで解決しようというアプローチに無理がある**のです。

やはり、問題の根幹は財政問題です。高齢者が増加し、必要となる医療・福祉、さらに年金を含めた生活全般での受益と、それを支える負担の構造の見直しが必要です。

当たり前の話ですが、地方にベッドがあるからと行って「もらった」としても、医療福

祉のコストはかかるわけです。今の水準をどの程度続けられるのか、そしてその場合には、誰がどのように負担するのか。全体の社会制度設計を見直さず、人口を移動させるだけでは、問題は解決しません。

非現実的なプランを考えるよりも、これまでも首都圏で議論されてきたように、医療関係者の人材育成を加速するために首都圏医学部の増設など含めた対応を進めることや、首都圏の団地リノベーションの問題と向き合ったりするのが現実的だと思います。さらに、高齢者になっても健康的な生活を営むための施策を展開することもありえるでしょう。

一方、地方においても、単に強制的に高齢者が来るようにするよりは、独自の医療福祉サービスによって、高齢者から「選択されるようなモデル」を目指すのがベストです。

先日お会いしたある福祉法人の経営者は、自治体がかつて地元に整備したものの、使われなくなってしまった温泉施設の横に「特別養護老人ホーム」を建設。温泉施設は地元向けにも開放しつつ、一体的に経営し、人気を博しています。過去の「地方資産」を活用し、魅力的な福祉サービスを実現しているのです。食事に使う食材についても周辺農家と契約することによって、地元にできるだけ資金を回す工夫をしていました。

さらに、都市部の一定以上の所得階層の夫婦は、当然ながら老後も、それぞれ別室を希望し、場合によっては別フロアであることを求めたりします。夫が地方での農作業を望んでも、妻は都市部で友達と遊びたいという夫婦もいます。1カ所ではなく複数の地域を行き来したいと希望したり、年に何回かきちんとした都市部のメディカルチェックを受けたいといったニーズもあります。正直なところ、昔ながらの「老夫婦」みたいなイメージを前提としながら、さらに身勝手な地方振興政策の論理で、地方自治体の負担にならないように生活可能な高齢者を集めるなんてことは、現実的ではありません。

「東京 vs 地方」という構図で皆を追い込み、さらに行政施策の失敗を国民に押し付け、極端に言えば「移動しろ」と言い続ける政策が、効果的だとは思えません。何よりも、そのような**「半ば強制的な政策」によって地方が活性化するとは、まったく思えません。**

むしろ地方自治体が一過性の予算で高齢者住居を整備したものの、望むような入居者を集められず、苦肉の策で自治体側の負担が多くなるような高齢者ばかりを集めることにならないことを祈るばかりです。

重要なのは、送り込まれるのではなく、積極的に選択してもらえるような地方をつくることです。それは高齢者であろうと、若者であろうとまったく同じです。

第3章
ヒトのとらえ方 危険度 チェックシート

01

- □ 地域の問題は「人口減少」が原因であると考えている
- □ まずは「人口増加策」を優先している
- □ 自治体の財務状況を確認したことがない
- □ 最後は国がどうにかしてくれると思っている

▶ **破綻しない「自治体経営」と向き合おう**

02

- □ 人口減少は問題だが、人口増加は問題ではないと思う
- □ 人口が減ったらあらゆる産業が終わりだと思う
- □ まずは行政が若者を集めてくることが大切だと考えている
- □ 効率化は地域にとってマイナスだと思っている

▶ **人口減少を前提とした取り組みを考え、生産性を上げよう**

03

- □ 観光客をたくさん集める活性化策を講じている
- □「一見さん」相手の商売が一番儲かると思う
- □ イベントをたくさん開催する活性化事業を進めている
- □ 地元のルールは破ってはいけない

▶ **自由な発想で「観光消費」を増やす取り組みに舵を切ろう**

04

- □ 地元が衰退しているのは、交通網が整備されていないからだと思う
- □ 全国各地の新幹線駅を回ったことがない
- □ 観光客が増加すれば成功だと思う
- □ 県内経済規模を見ずに経済効果だけ見ている
- □ 地域外の有名企業が進出することは、地元の誇りだと思う

▶ **人が来る「理由」をつくり出し、地元資本が稼ぐビジネスをつくろう**

05

- □ まずは施設をつくってから人集めをしようとしている
- □ 補助金で整備すれば成功すると思う
- □ 福祉施設ができれば地域は再生すると思う
- □ 参考になる海外の事例を見たことがない

▶ **積極的に選ばれる魅力をつくり出そう**

第4章

カネの流れの見方

官民合わせた「地域全体」を黒字化する

地域活性化分野では従来、おカネの話は忌み嫌われてきました。「おカネの話じゃないんだ」と言いながら税金というおカネを使って、投資の回収などは考えもせずに地域活性化に取り組んできた結果、やればやるほど地域の損が拡大してきました。私が学生時代から関わってきた地域の取り組みでは、どこも潤沢な予算なんてものは確保されておらず、「カネがないから知恵が出る。カネがあると知恵が引っ込む」と言われ、自分たちで出し合った少ない資金と知恵で乗り越えてきました。

今でも各地でつくる会社では、自分たちの手持ち資金を投資してスタートし、ちゃんと黒字経営にこだわり、資金を少しずつ増やしていきます。そして、一定の規模を超えた段階で融資など金融を活用してまちに変化を生み出します。地域を継続的に改善するためには、資金を常に回し続ける仕組みがなくてはなりません。手元に来た資金を常に使い切るような取り組みでは、まったく話にならないのです。自分たちでおカネを稼いでいくことに向き合うことこそ、地域活性化なのです。

おカネの流れが見えるようになれば、さまざまな地域活性化の取り組みの見方が変わります。たとえば、日本では衰退している都市中心部の再生を目指すといっても、「不動産価値の向上」を目指すなどという人はほとんどいませんでした。しかし、都市を不動産の集合体と考えれば、再生とは不動産価値の向上であることに気づきます。2003年、アメリカに初めて都市再生の取り組みを体験しに行った際に言われたのは、「まちづくりとはアセット・マネジメント（不動産経営）だよ」という言葉でした。本来は地域に「住みたい人」や「店を出したい人」を増加させつつ、一方で供給を抑えれば、不動産価値は上昇します。そして、価値が上がれば不動産オーナーは得する。こうなれば、都市中心部を再生させる資金を不動産オーナーたちに拠出させることが可能になります。

そのため、私は地方都市では、不動産オーナーと共に事業に取り組むことを基本にしています。都市中心部であれば小さなビルなどを経営するオーナーと共に会社をつくる。温泉街であれば旅館・ホテルのオーナーと取り組むわけです。行政とコンタクトすることよりも、不動産オーナーと話をつけることのほうが重要です。しかしこれは、都市中心部だけの話ではなく、農業地域であれば農地、林業地域であれば山林、漁業地域であれば漁業権などを持つ人たちと共に取り組むという話に置き換えることができます。

地域のおカネの流れを適切に読むことができる、おカネに強い人材によるまちづくりこそ、地域活性化には必要なのです。

01

補助金

衰退の無限ループを生む諸悪の根源

「稼いで投資し続ける」好循環をつくろう

さまざまな地域活性化分野で、多額の税金が「補助金」として使われています。補助金とは、地域で何かの取り組みを行うときに足りない資金を、税金で補塡することで支援すること。予算不足が解消されてその取り組みが実行されれば、地域に活力が生まれるという仮定に基づいた制度です。

たとえば、100万円の予算が必要な取り組みがあったときに、地元では50万円しか用意できないが、全体予算の2分の1を支援する補助金制度を活用すれば、残りの50万円を行政が税金から捻出してくれるというものです。つまり50万で100万のことができる（ように見える）のが、補助金事業です。

商店街でいえばアーケードにも補助金が入っていますし、ちょっと洒落た街灯にも、カラーやレンガ調で舗装された道路にも、大抵のイベントにも、空き店舗に急にオープンする妙にきれいなお店にも、補助金が入っています。

商店街だけでなく、農業でも林業でも水産業でも、地方で目につくものの多くには、地域活性化のための補助金が入っています。

しかしながら、それだけ補助金がいたるところに入っているのに、それらの取り組みは際立った成果をほとんど収められないばかりか、失敗を続け、結果として地方は衰退し続けています。

なぜ足りない予算を税金で補塡してもらっているのに、地方は活性化しないのでしょうか。ここでは、その基本原則について取り上げたいと思います。

なぜ数兆円の補助金を入れても地方は活性化しないのか

タダでおカネをもらえれば活性化しそうなものですが、地方創生に必要なのは「おカネそのもの」ではなく、「おカネを継続的に生み出すエンジン」です。

地方創生政策が展開される以前から、地方には莫大な予算が、さまざまな名目で配分されてきました。しかしながら、成果がまったく出ない。なぜ何兆円もの資金が地方の活性化目的に配分されても、活性化しないのか。

その理由は、結構シンプルです。つまり税金を使う＝「利益を出せない」事業ばかりだからです。

地域活性化は、単なる「所得再配分」では達成できません。

東京より地方のほうが割を食っている、だからその分を再配分しようと補助金を配ったとしても、それだけでは地方は活性化しません。

なぜならば、配ったその途端に、その事業に必要な各種経費として消えてしまい、それで終わりだからです。「1サイクル」（1回転）しか、おカネが回りません。その経費の一部が人件費として各地域の人に配られるならばまだマシですが、地域の外に外注してしまえば、一度来た予算は別の地域に流れてしまいます。なんといっても問題は、一度使ったらそれだけで終わりだという点。もう二度と、同じような効果を生み出すことはできないのです。

たとえば商店街が、国の予算などを使って大手広告代理店などに外注して大規模なイベントをやったところで、一度やったらもう終わりです。しかも利益は東京に持って行かれるわけです。

公共施設の開発でも、大規模な建設事業は大手ゼネコンが落札すれば、下請けくらいは地元企業へ分配されますが、やはり、地域内経済で見ると、そのわずかなおカネが一回《ひとまわ》しされるだけで終わりです。地方活性化事業に予算を出すことが「砂漠に水を撒く」とか「カンフル剤」といったものに例えられるのは、これが理由です。

つまり、**問題は「一回しで終わってしまうという、構造そのもの」**にあります。

▼「利益」と真正面から向き合わない「予算型活性化事業」

地方に必要なのは、一回しで終わらない、**一度資金を入れたらそれをもとに、地域内経済を取り込んで回り続けるエンジン**です。

投資したおカネをもとにして利益が生み出され、それをもとに投資が起こる。さらに人が雇用され、彼らが地域でさらに消費を生み出していくという「好循環」が回り始めるのです。

継続する事業があれば、立ち上げに投じた資金も、1回だけの金額だけで終わらず、毎年雇用を生み出し、利益を生み出し、さらにその地域を活性化させる「再投資」を地域内で行うことが可能になるわけです。そうしていくうちに、エンジンはさらに強化されて、地域内経済だけでなく、地域外経済も対象にした事業に発展していく可能性があります。

これが地域の発展につながります。

では、地域の衰退とは何でしょうか。それは、経済問題に端を発しています。「まともな仕事がない」→「まともな仕事がないから人もいなくなる」→「人もいなくなるから、ますますまともな仕事がなくなっていく」という負の循環が回っているのです。

何とかして、これを断ち切るしかありません。

そのためには、利益を生み出す事業と向き合わなくてはなりません。

▼利益を出す≠搾取

「利益を出す」と言うと、「それは搾取的だ」と考える人がいるわけですが、それは大間違いです。そもそも、**利益が出ないというのは、誰もその事業に対価を支払いたくないと思うような内容**であったりします。恐喝や詐欺をするのではなく、真っ当な事業で利益を出すためには、魅力的かつ効率的なやり方をしていかなくてはなりません。

利益が出ないようなことばかり続けていると、前出のように、地域の経済がいつまで経ってもプラスにはなりません。いくら資金を投入しても、常に減るだけでプラスにならない、循環もしていかない、足りなくなったらさらに投入せざるをえないという構造になり、活性化とは程遠い状況になります。

地域活性化が**「公共性がある→補助金を出す→利益は出してはいけない」という概念に基づいてしまっていては、限界があります**。これでは活性化は難しい。

行政がかかわった途端に、官のみならず民間の人さえも「もとから利益は出ない、出してはいけない」という固定観念に陥っています。実際、とある自治体の研修で「カネ儲けを考えるいやしい民間が嫌だから、役所にきた」と言われたことがありました。民間の人からは「地域活性化は利益が出ない、行政の仕事だ」などという声が聞かれます。

税金を用いた活性化事業がうまくいかないのは、利益を出してはいけない、出せないという、その資金の性質と諦めで縛られてしまっているところにあるのです。

逆に言えば**「利益を出せないような活性化事業は、すべて止めてしまう」くらいの、思い切った意思決定が必要**なのです。本当に活性化を目指すのであれば、です。

どれだけ人が集まっても、メディアに取り上げられたとしても、意味はありません。**「地域で資金を回し続けるエンジンをつくり出すこと」、すなわち「しっかり利益を出すこと」でしか、地域の持続的な活性化なんて不可能**なのですから。

▼民間主体で利益と向き合わないと、出口はない

しかし、ここで矛盾がありますよね。

普通に儲けが出るのであれば、地域の個人や銀行から資金調達をして取り組むことが可能ではないか、と。税金を使ってまで、活性化事業なんてやらなくていいじゃないか、と。

まさに、そこです。

地域活性化に取り組むという名目で資金が流れ、その一回しのシステムの中で食っている人たちにとっては、「税金での地域活性化」は不可欠です。しかし地域全体においては、その効果はまったく波及しません。「成果を出している事業は、補助金に頼らない」というより、補助金に依存した段階で、もはや「衰退の無限ループ」にハマってしまうわけです。

地方創生に必要なのは、資金調達が可能な事業開発であり、民間が立ち上がって市場と真正面から向き合い、利益と向き合って取り組むことです。成果をあげているのは、民間が立ち上がり、事業を推進している地域ばかりです。

そもそも行政は、利益を出すことなど、やったことがないし、そんな目的でつくられていません。政治も同様で、分配の内容やルールこそ決めることができても、稼ぎを出す集団ではありません。つまりは、民間が立ち上がるほか、地方が活力を取り戻すなんてことはないのです。

逆に言えば、民間が「そんな損することなんか、わざわざやってられないよ」「やはりリスクは行政に負ってもらわなくては」などと言い出して、地元での事業開発に取り組むことを諦めたら、再生することは基本的にないとも言えます。

「地域活性化は政治・行政の仕事だ」などと、本気で思ってはいけません。それこそ、地方衰退のスパイラルに根本的に冒され、「衰退の無限ループ」から逃れられないことになってしまいます。

足りない資金を補塡してもらうのではなく、**手元にある資源で事業に取り組み利益を出して、さらに次の事業に投資し続けるというサイクル**をつくるのが、地域活性化の基本なのです。この構造から逸脱した補助金事業は、どれだけの金額をもらおうとも、その地域が本質的に活性化することはありません。

02

タテマエ計画

「残酷なまでのリアル」に徹底的にこだわろう

平気で非現実的な計画を立てる理由

補助金という支援制度だけでなく、地方が自らの限りあるカネを無駄にしていってしまう元凶として「タテマエ計画主義」があります。ここでは、「形ばかりの『タテマエ計画』をつくることが、いかに地方にダメージを与えるか」ということに迫っていきましょう。

▼なぜ自治体は非現実的な計画を出してしまうのか

地方創生については2014年末に「まち・ひと・しごと創生総合戦略」が閣議決定され、以後5年の目標や施策、基本的な方向性が国から提示されました。それを受け、各地方自治体でも「総合戦略」を発表しています。

これらの計画は、インターネットなどで閲覧可能です。皆さんの地元自治体がどのような総合戦略を組み立てたか、ぜひとも確認してみてください。

他の地域をパクったような計画や、実効性のない計画は、その自治体を疲弊させるだけです。残念ながら、各地域の「戦略」をウォッチしていると、正直首をかしげたくなるものがいくつも見かけられるのです。

たとえば、地方創生政策の第1弾総合戦略として発表された京丹後市（京都府）の「戦略」には、驚きの声があがりました。なぜかというと、人口がこれからV字回復するというシナリオに沿って、計画が立てられていたからです。

「地方創生」は、そもそも地方の人口問題を発端にスタートしました。それゆえ、地方自治体として国に提出する計画が、人口減少を前提としていては、理屈が通らないのかもしれません。

しかし、同市の人口は約5・9万人です。国立社会保障・人口問題研究所では2060年には2・6万人程度まで減少すると予測しているものを、一気に7・5万人にするという計画を立てているのですから、あまりに非現実的と言わざるをえません。

このような「都合」と「願望」をもとに全国の計画を積み上げていけば、日本の人口が計画上は2億人を突破してしまうという笑えない話になってしまいます。これは今に始まったことではありません。このような野心的な目標を設定し、無謀な開発を行った結果、その都度計画は失敗に終わり、ツケは計画を立てた主体（地方自治体）に残されてきたのです。

本書でも指摘してきたとおり、地方活性化事業をすればするほど、負債が拡大し、衰退が加速するのです。では、なぜこのような事態は繰り返されるのでしょうか。

地域活性化事業の失敗では、「ヒモ付き予算」などが問題視されます。事業を実行するおカネがつく代わりに、自由にそのおカネが使えないことで事業がうまくいかないという批判です。

しかし、一番の問題は、おカネとヒモうんぬんではありません。そもそも、従来型の「計画行政」が通用しなくなったにもかかわらず、いまだに従来どおりのやり方をしているので、深刻な問題を引き起こしているのです。

▼「供給」ではなく、「需要」がカギを握る

右肩上がりの時代なら、事前に計画も立てやすく、計画どおりいかなくても、結局、拡大する経済と財政のおかげで、事後的に問題は解決されました。「拡大する社会」では、い

かに迅速に・正確に・真面目に供給するかというのが、計画の基本でした。需要は当たり前に増加するのですから、そこを考える必要はほとんどなかったのです。

役所が主導して基本計画を立て、しっかりルールに沿って乱開発を制限しながら都市整備する。それさえすれば、民間がビルを建てたり、店を開いたり、工場を建設したりしたわけです。ひとことで言えば、供給に需要が従う時代だったのです。

しかし**縮小する社会においては、これが逆転しています**。需要がそもそも先細るため、単にルールに沿って真面目に供給したとしても、需要と一致しません。恐ろしいのは、初期の計画で失敗すると、後に需要はますます細るので、ほぼ再生不能になってしまう点です。

だからこそ、**最初に需要の確保を行い、その実需に沿って、実行する事業の規模を最適化するという、従来とは「まったく逆のプロセス」が計画論の基本**になります。こうした「需給逆転」は、地方における社会構造の前提を大きく変えています。このような前提に立ち、計画のあり方を見直していく必要があるのです。

▼「計画主義」が抱える3つの限界

さらに、将来が不透明な縮小時代において、事前に計画を立て、皆が合意し、成果を出すには「3つの限界」があり、それぞれに対応しなくてはなりません。ではどんな限界があるのでしょうか。

●限界1：計画段階こそ、最も情報量が少ない

初期に予見できる情報には限りがあります。何事もプロセスを踏んでいくごとに情報量が増していき、的確な意思決定ができるようになります。つまり計画段階は、最も情報量が少ない段階です。

そのため、取り組みを始めた段階で得られている情報では、「そもそも正確な計画など立てられない」と、最初から諦めることが大切です。

取り組みを進めていく中で得られた情報をもとにして、執行する規模や内容をどんどん変更していくべきです。だから、そういった「調整」をする時期と基準を、初期に定めておく必要があります。場合によっては躊躇なく撤退を決断できるよう、初期に撤退基準を設けておく必要もあります。

従来の計画論で重要視された「一貫性」などは、無意味です。目標数字を出すだけでなく、数年間のプロセスを示し、この時期にこれが未達成の場合には修正する、もしくは中止するといった、修正・撤退要件を入れておくことが大切です。

●**限界2：予算獲得が目的化し、計画は「タテマエ」になる**

予算を獲得するための計画策定をすると、予算獲得自体が目的になり、「タテマエ」としての計画を立てることになります。

時に「これはあくまで予算をもらうためのタテマエですから」という言い訳がされます。しかし、組織的に決定された計画は、その後数年にわたり、その組織を縛り続けることになります。無理やりでも計画をもとに補助金や交付金を獲得し、その資金をもとにして事業に取り組んでしまうのです。そして結果は言わずもがな失敗し、地域に大きな禍根を残していきます。

建前論を防ぐためには、**各事業の責任を明確にすることと、その責任を個人や組織で負い切れる範囲で実行する必要があります**。建前論が言えるのは、自分が責任をとる気がないからです。計画に基づいて執行される各事業の責任の所在は誰にあるのかを明確にし、その人・組織が成功したとき、失敗したときの取り扱いを、初期に契約で決めておく必要があります。

●**限界3：「合意」を優先すると、未来は二の次になる**

計画策定においては、よく「**地域の人たちで合意しなくてはならない**」という話が出てきます。拡大する社会であれば、何でもプラスの話ばかりすればよかったものの、縮小する社会では、優先順位をつけて実行する必要が出てきます。しかし、**真っ正面からそのようなことをやっては、合意はとれません**。

現在の地域に住む人たちにとっては「総論賛成・各論反対」になり、各論で合意形成を行うことは事実上、極めて困難になります。合意することを優先するあまり「玉虫色」の計画が採用されてしまうのは、これが原因です。

解決策のひとつは、**意思決定者こそ皆の合意で決めるものの、各論に関してはその責任者に一任して取捨選択をしていく方法**です。代議制民主主義や株式会社の取締役会と同様です。

一例を挙げましょう。昨今は空き家などを活用して、店舗にしたり、ゲストハウスにしたりという「リノベーション事業」の取り組みが全国各地で実行されています。人口減少の中、地方創生では非常に重要な取り組みです。

その中でも、失敗するケースは従来型計画の方法です。多くの人たちを入れた協議会で、「立派な計画」を立てて、それをもとに自治体が補助金を出して立派な改装工事を行ったものばかりなのです。

一方、**成功するケースは、最初に営業活動をしながら実需に沿って計画を修正**していきます。すなわち、入居する人たちとの契約を最初に行い、彼らが支払い可能な家賃をもとにして、十分に投資回収ができるよう、改修工事の投資規模を見極めています。資金も民間の投融資を中心としており、ちゃんと稼ぐシステムとなる仕掛けをしています。

たとえば、北九州市小倉地区で展開されている取り組みでは、北九州市を中心に「小倉家守《やもり》構想」を産官学横断で立てつつも、あくまで概要という位置づけを保っています。個別プロジェクトは民間主導で各自の責任を明確にしつつ、複数の不動産オーナーや建築家などが実行しています。

北九州市は、産業空洞化などによる人口減の深刻な大都市のひとつです。この取り組みによって、3年間で10軒以上の物件が再生され、のべ300人以上の就業・雇用が生まれ、中心部の通行量も増加に転じています。実は、過去に国の方針に沿った「中心市街地活性化事業」にも取り組んできましたが、成果が出ていませんでした。**それを転換し、現在の縮小社会型の計画と実行の方法に転換してから、成果が一気に出ている**のです。

▼過去にとらわれたやり方が問題の根本

いかがでしょうか。問題は予算がないとか少ない、あるいは外部環境が一段と悪化したとかいったことではなく、**過去にとらわれたやり方**なのです。縮小時代に対応した方法を用いれば、どれだけ困難な環境でも、「身の丈にあった解」が必ずあります。

非現実的な計画を立てると、計画が破綻したときに悲惨なことになります。そのとき、ツケを払うのは、未来の若者や子供たちです。

地域活性化に関連する計画に重要なのは、「血気盛んな今の大人たち」の願望ではなく、**最悪な状況になっても対応できる、「未来に向けたリアリズム」**ではないでしょうか。

何より無謀な計画を立て、それに縛られ、「ダメだとわかっていながら」そのような計画に限りあるカネを投じていってしまうことを止めなくてはなりません。タテマエ計画に縛られることから脱却し、小さくとも成果を積み上げていくことに転換することが必要です。

03

ふるさと納税

「翌年は半減する」リスクすらある劇薬
税による安売りをやめ、市場で売ろう

地方活性化×カネという話をする上で、昨今欠かせないテーマ。それは、「ふるさと納税」でしょう。

そもそも「ふるさと納税」は、地方で生まれ育った人や都市部に住む人が、都市部にいながらふるさとに納税をすることで、地方を応援することになるという税制優遇策でした。

しかし、この数年**「税制優遇も受けられ、地方の特産品をもらえてお得」**ということで人気沸騰。たとえば、5つの地方自治体に1万円ずつ合計5万円を納税すれば、2000円を超える4・8万円が住民税・所得税から控除され、さらに5つの地域から返礼品がもらえるため、個人にとってはかなりお得な内容となっています。2015年度の「ふるさと納税」は約1653億円となっており、前年度の約4・3倍と大きく伸びています（図表4−1）。

一方で、地方自治体が「ふるさと納税」を獲得するため、高額の返礼品競争が発生しており、税制としての本質からかけ離れた実情に総務省が警告を出しています。現状のままでは、**地方にとっては活性化どころか、産業も財政も含めてマイナスとなる危険性**が生まれています。

▼地方衰退につながる3つの歪み

そこで、ふるさと納税が地方衰退要因となる3つの歪みを指摘したいと思います。

●歪み1：税金頼みの地方産品の「安売り」が招く歪み

地方にふるさと納税されると、自治体はその返礼品として指定していた地元産品を地元企業・生産者から買い取ります。納税金額の半額が返礼品財源となっている自治体もあり、多額の地方産品が都市部に送られています。しかし、これは地方産品の価値が正当に認められ、市場取引が拡大しているわけではありません。**税制を活用してタダ同然で地方産品を配っているから出荷量が増加し、都市部の地方産品を受け取る側も喜んでいる**のです。

一部の人は「お試しで送り、次は買ってもらう。新規顧客開拓だ」と言いますが、そん

図表4-1　ふるさと納税額

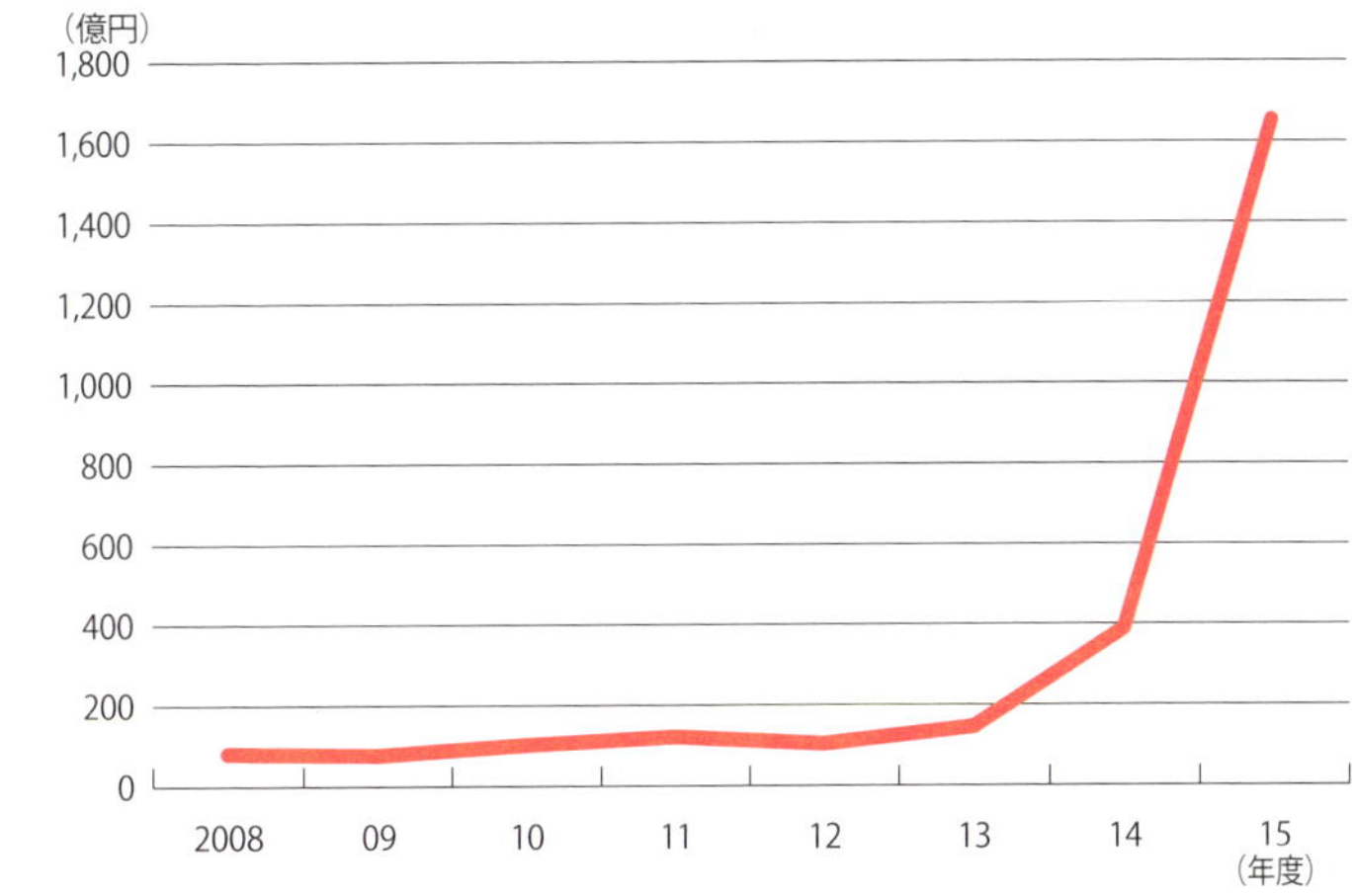

（出所）国税庁資料より筆者作成

なに都合よく話は進みません。類似する地方産品はたくさんあるわけで、一度タダ同然でもらえた商品を、正規価格で何度もリピートして買ってもらおうとするのは、かなり難易度の高い賭けと言えるでしょう。

さらには、正規価格で購入していた商品をタダ同然で配ってしまうことで、新規顧客のみならず既存顧客にも影響が生じかねません。

地方産品の販売を通じて地域活性化を図るのであれば、**妥当な価格をもって営業をし、販売を積み上げなくてはなりません**。安売りを担保するための販促費用を税金から出してもらうことは、本来の競争力をそぎ、地方の衰退を加速させてしまう補助金と同じ作用を生み出します。

●歪み2：地元産業の「自治体依存」の加速という歪み

さらに、**地元産業がますます自治体依存になっていくという歪み**が生まれます。

自治体が受け取るふるさと納税額が大きくなるにつれ、「返礼品」として地元企業・生産者から買い取る商品総額も大きくなっていきます。税制によって財源が確保されるわけですから、地元企業・生産者にとっては自治体にまとまって商品を買い取ってもらえる「おいしいビジネス」です。地方自治体も他の自治体に出し抜かれるな！　と躍起になっていますので、地元からよい商品をばんばん調達して返礼品に並べています。

一部生産者はふるさと納税の短期的な売上を優先してしまい、従来の卸先への商品数を減らして、返礼品に充ててしまったりします。毎年何億円も買い取ってもらえる新規市場というのは、地方の中小零細企業・生産者にとって決して小さくないのです。

このような事態は、地元企業・生産者の自治体依存度を高めることになっています。

今後、危惧されるのは「変動への対応」です。

ふるさと納税も競争があります。各自治体への納税額が、未来永劫右肩上がりになるわけがありません。急増すれば反動もあり、アップダウンが生じます。ふるさと納税が減少し、たとえば500万円あった返礼品売上が翌年50万円に落ち込むような生産者が現れることも、十分に考えられます。そのような変動が生まれた際に、地元企業・生産者にとっては決して小さくないインパクトとなり、経営が左右される要因にもなります。

●歪み3：納税増加＝歳出拡大という地方自治体財政の歪み

そもそも地方自治体は地元から得られる税収が少ないため、独自財源となる「ふるさと納税」による税収増は魅力的です。現在では地元税収を超えるふるさと納税金額が集まる自治体さえ出てきているため、あとに続けと躍起になるわけです。また、ふるさと納税財源の半分を地元企業・生産者からの返礼品購入として使うことも、政治的に地元から支持されやすい。そのため、自治体はふるさと納税獲得競争に躍起となります。

しかし問題は、**ふるさと納税を獲得すると、そのまま「その予算をどう使うか」という話になってしまう**ことです。一過性の歳入にもかかわらず、毎年予算が必要な住民サービス系（福祉、医療、交通、活性化イベントなど）の事業を立ち上げ、歳出を増加して人口獲得を目指す「サービス合戦」も加熱しています。

補助金のところで指摘したとおり、**従来どおりの予算を使い切る競争をしていたら、ふ**

るさと納税が地方に行ったところで、活性化なんて不可能です。それどころか、人口縮小社会が到来している中、衰退を加速させることになってしまいます。

税制優遇をもとに地方産品の安売りをして獲得金額を競うような、誰でもできる画一的な競争を通じて一時的な税収増を実現したり、地元産品を流通させたりしても、副作用のほうが大きくなっていきます。早期に、納税額に対する返礼比率見直し、各企業・生産者からの調達総額上限の設定、さらに納税財源は自治体のコンパクト化に活用するなど、改善が求められます。

▼「安売り合戦」ではなく「価値を生み出す競争」を

そもそも地方が独自の魅力をつくり出し、維持していくのに必要なのは「短期的にもらうおカネ」ではなく、自分たちの価値観を持って「継続的に稼げる仕組み」です。

自分たちの地域のビジョンをもとにした事業企画のための資金調達方法として活用する自治体もありますが、まだまだ少数です。今後は、中山間地や離島、一定規模の地方都市、それぞれの資源状況に沿って、納税者にも居住者にも地元企業にもメリットがある新規の事業企画を出さなくてはなりません。活性化を目指すかぎり、予算を獲得して使い切るのではなく、ちゃんと収支が拡大する「事業」でなくてはならないのです。

自分の頭で考えず、国がつくった制度に則って同じことをやってきた結果、多額の税金を使いながらも地方が衰退してきたことを忘れてはいけません。**「ふるさと納税でも同じことやってどうする」**という話です。

個々人が一部納税先を選択できる仕組みは、多様な価値観に基づく成熟した社会の実現にはプラスです。だからこそ、そもそも**選択型寄付金制度は決して返礼品で釣り、釣られるような浅はかなやり方ではいけない**のです。

また、いつの時代も一過性の収入が増加するだけで「地域が活性化した」かのように勘違いする人が少なくありません。

しかしながらそのような一過性の収入が増加することは、政府による補正予算などでも従来から普通にありました。それが地方の抱える課題の解決につながってこなかったのは、ご存知のとおりです。むしろ重点的に予算配分されたモデル地区などが大変な失敗をしていることも少なくないのです。

以上で説明してきたように、地元の経済活性化による税収増以外での一過性の収入増加は自治体経営を変質させ、さらに返礼品による地元経済の公的支出依存は経済をも蝕みます。

このように、ふるさと納税で湧いている自治体ほど、地域経済と自治体財政に変化をきたすため、将来への副作用を心配しなくてはなりません。地域活性化におけるおカネに対する理解の問題は、構造を変革して稼ぎだすおカネと、ただもらうだけの一過性のおカネの区別がつかない人が多く、結局はてっとり早くもらえるおカネに皆が走ってしまうところにあります。

ふるさと納税ひとつを見ても、そのような問題が表出していると言えます。

04

江戸時代の地方創生

なぜ200年前にやったことすらできないのか？
江戸の知恵を地方創生と財政再建に活かそう

さて、現代のみならず、地域活性化の問題は江戸時代に遡ってても存在していました。そして、かつて有効だった課題解決方法は、現代においても示唆に富んでいることが少なくありません。特に江戸時代の地方の藩はそれぞれ独立採算が明瞭であったため、衰退は死活問題。現代のように国からの交付金などの再分配もないどころか、むしろ幕府へ上納しなくてはならないこともあり、問題は今よりかなりシビアでした。

そのような中で、衰退農村や破綻寸前の藩財政の改善で際立った成果をあげた人物がいます。その名を二宮金次郎（尊徳、1787〜1856年）と言います。実は、**彼こそ江戸時代の後期から末期にかけ、地方創生を真剣に考えていた先駆者**だったのです。

▼金次郎は、人口減少の600農村を救った地域再生のプロ

江戸時代というと、皆さんはどんなイメージをお持ちでしょうか。実は、前期は急激な人口増加があったものの、江戸中期以降となると**日本全国の人口がほぼ横ばい**となりました。地域差こそあるものの、**江戸時代後期に向けては、飢饉の発生などを含め人口減少に悩む地域が多くありました**（図表4―2）。

その中でも、現在の北関東にあたる地域は人口減少が激しく、1600年から1700年代前半までは約70万しかいなかった人口が220万ほどに急増した後、1800年代にかけて約160万人まで減少したという記録が残っているほどです。

その北関東に位置し、困窮していた下野国・桜町領（後の栃木県二宮町、現在は真岡市に編入）の再生で大変な業績をあげたのが、二宮金次郎です。

もともと、金次郎の出身は現在の神奈川県小田原市です。百姓時代から才能をあらわした金次郎は、小田原藩の家老・服部家で武家奉公人として働きますが、そこで服部家の財政を立て直し、小田原藩主の大久保忠真《ただざね》の目にとまります。下野の桜町領は藩主の分家の領地であり、その再生を任されたのです。大成功を収めた金次郎は、その後ついに幕臣に

図表4-2　地域別人口の変化（1721〜1846年）

**江戸時代中期から末期にかけて、5つの地域で人口が減少している。
もっとも人口減少の激しかった北関東では、毎年1%以上減少した計算になる。**

地域	人口変化率（%）	地域	人口変化率（%）
陸奥（東奥羽）	-18.1	畿内周辺	-5.1
出羽（西奥羽）	4.0	山陰	23.6
北関東	-27.9	山陽	20.2
南関東	-5.2	四国	26.8
北陸	17.6	北九州	6.8
東山	13.2	南九州	23.6
東海	10.5		
畿内	-11.2	合計	3

（出所）速水融他編『歴史人口学のフロンティア』（東洋経済新報社）より筆者作成

登用され、徳川家にとって重要な日光の地の再生事業も任されることになります。

二宮金次郎といえば、私は小学校の校庭の片隅におかれた、薪を背負って仕事をしながらも本を読んでいる「勤勉と勤労」の象徴として教わりました。皆さんの多くも、そのように思われているのではないでしょうか。

しかし、実は彼は、親に言われて、「労働として」薪を背負って運んでいたのではなかったのです。

「あの姿」は、自ら山を二束三文で借りて木を切り出し、当時は「重要な燃料」であった「薪」にしてまちで販売するという、エネルギー事業に精を出していたものだったのです。そして、その稼ぎをもとに、人々に低利での金貸しを行って生活を支えていくという金融事業まで興した、事業家でもあったのです。

さらに、それらの事業経験をもとにして困窮にあえぐ地域を再生する、現代で言う、「地域再生のプロ」としても大活躍していたのです。

▼再生の第一歩とは、地域の収支を黒字にすること

そもそも、なぜ地域は困窮するのでしょうか。昔も今も本質は変わりません。地域が困窮するのは、行政も民間も、さまざまな事業の収支が赤字になるからです。

赤字の悪影響は、実際に生活が困窮し、借金を重ねていくというだけに留まりません。将来に希望を持てない生活に、身も心も荒廃してしまうところにあります。

そのため彼は、まずは慢性的に赤字になっている状況を黒字に変えることを、再生の第一歩としました。

単純な話、赤字になるのは、収入に対して支出が大きすぎるわけです。

江戸時代後期は、人口減少と共に、今の日本の状況と同様に、幕府の財政も赤字、藩の財政も赤字であるところが多数ありました。彼は、幕府や藩のような、今で言う行政であ

ろうと、民間であろうと、はたまた農村であろうと都市であろうと区別なく、しっかり収支を黒字にすべしとしています。

そのことを、二宮金次郎は「分度《ぶんど》」と呼んでいます。簡単に言えば、**収入に基づいて支出を決め、黒字体質にする**ということでしょうか。

彼は、地域の再生計画を立てる上で、まずは**収入を増加させるため、稼いでいないさまざまな資産からわずかでも収入を得られるよう、徹底的に「営業」をします**。

たとえば、彼は庭に生えている梅の木の実でさえも販売させます。蔵に備蓄しているコメは、大坂・堂島の相場を見ながら高値で売却していきました。さらに、奉公人たちに裏山の木を切り出させ、薪として販売させます。その収入は基本的に奉公人たちのものとし、精力的に稼ぐ動機を与えています。

一方で、**「使いすぎ」の予算を削減して、収入に見合った規模に最適化**させます。

たとえば、当時の生活において、薪や菜種油などの燃料代は決して少なくありませんでした。このごろは下がってきましたが、ガソリン代や灯油代に苦しめられる今の家計とそっくりですよね。鍋底についたススを落とすと燃費が改善するため、彼は飯炊き担当の人などに「鍋底のススをきれいに落として1升にしたら、2文で買い取る」というルールを考案します。

このように、**単に「経費を削れ」と言うだけではなく、具体的方法を示す**わけです。燃費がよくなって経費が浮いた分については、これを元手に、飯炊き担当の人が積極的に「スス落とし」に取り組めるよう、さらに動機を与えていきました。

驚くべき「知恵」です。

「新たに稼ぐこと」「経費を削ること」。この両方で皆の意欲を引き出し、小さな日々の積み重ねを通じて、財政・事業の黒字化を果たします。

人口減少問題を抱え、生産能力も右肩下がりの状況では、今までどおりにおカネを使っていては、いくらあっても足りません。**まずは身の丈にあった状況をつくり出す**必要があります。しかも、**それを可能にするための方法は具体的であり、皆が能動的に取り組みたくなるものでなくてはならない**のです。

さまざまな「知恵」をひねり出す状況に自分たちをおくために、収支を厳守する目標「分度」をつくるのです。

▼地域の金を集めた金融で再生事業に投資

実は、二宮金次郎は単に収支を守るだけでなく、金融の力をもって民衆を豊かにし、地域活性化につなげています。たとえば、地域の外に住んでいる高利貸しから借り、返済の見込みがつかない状況を解消するため、地域の人々に対して低利融資への借り換えを行っています。

それだけではありません。ここからが彼の真骨頂です。

その「借り換えた借金」の返済計画を共に立て、しっかりと目標を持たせることで、生産意欲を取り戻させます。そして借金が完済したら、その稼げる力をもとに、さらに1年分を追加拠出してもらい、基金を組成します。他に困っている人、もしくは将来自分が困ったときの低利融資の原資として活用しています。これを「推譲」と呼びました。

先述のような、奉公人による裏山の薪販売など、皆が「分度」の順守を通じて稼ぎだした余剰についても、「皆で使ったらそれで終わりだぞ」と諭しています。

利益を分配するのではなく、基金として拠出し、次なる取り組みに投資・融資していけば、数年、数十年が経つと膨大な資金になっていくことを複利計算と共に人々に教え、実行しています。つまり、**事業収入での黒字化だけでなく、それを元手にした金融収入を地域の人々に与える仕掛けづくり**を行ったのです。

おカネは借りてしまうと、複利で回せば借金が借金を呼んで雪だるまのように膨らみ、人々を苦しめます。しかし、逆に運用の側に立てば、おカネがおカネを生みます。適切に運用すれば、人々を救い、むしろ豊かにすることにつながることを示してくれています。

▼収支黒字化と地域金融の仕組みづくりを急げ

地方創生事業や、地方の自立を考える上では、まさに二宮金次郎の取り組み、それを体系化した『報徳仕法』から学ぶべきことがたくさんあります。

今の地方にも、行政、企業、家計のすべてに「分度」が必要であり、しっかり稼ぎ方を考え、さらに絞り方を工夫して黒字化する知恵が問われています。際限なく借金を重ね、中央からの支援金をもらっても赤字事業で食いつぶすだけでは、地方創生には程遠いのです。今は金利の支払いが膨らみ、地域から複利で資金が流出している状態です。

だからこそ、**地域の取り組みについては、地域内の資金で回していくという、金融の知**

恵が必要不可欠です。

個別の取り組みでしっかり黒字を出していければ、当然おカネを貸せるようになります。地域内の皆で拠出した基金で、地域のひとつひとつの取り組みにおカネを貸せれば、その取り組みの黒字から金利が支払われ、地域の人々は金利収入を得られるようになります。中央からおカネだけもらって食いつぶすより、数年すればこの複利で回り始めるのです。今の厳しい状況とは、事態がまったく逆転します。

このシンプルかつ原則的な環境を、どうやって地方につくることができるのか。現代の日本においてもさまざまな取り組みが地方で起きています。過去から学び、現代の取り組みを改めてその視点から評価すると、その意義も変わるように思います。

二宮金次郎の残した知恵を現代の問題と照らし合わせると、地方創生のあるべき姿の一端が見えるのではないでしょうか。何も海外の活性化事例ばかりでなく、江戸時代末期の人口縮小問題と向き合っていた農村エリアの再生手法からも、学べる点がたくさんあるわけです。

しかも二宮金次郎はその方法を『報徳仕法』としてしっかり体系化し、さらにその取り組み事例についてもさまざまな書物を遺しています。

なぜ江戸時代にできた「カネ」と向き合う地域活性化が現代においてできないのか。それはできないのではなく、単にやっていないだけではないのかと思います。しっかりと近年の失敗を反省し、諸外国が日本と同じように縮小都市問題や都市中心部衰退と向き合って成果をあげた方法、さらに過去の日本においても実践を通じて成果をあげていた方法の双方から学べば、解決できないことはありません。今こそ、カネの問題から逃げずに、しっかりと向き合う地域活性化が求められています。

地域を活性化する方法には、普遍的な考え方、技術があります。日本がかつて経験した人口減少社会での再生手法には、私たちが学ぶべきことが多くあるのではないでしょうか。

第4章
カネの流れの見方 危険度 チェックシート

01

- □ 補助金があれば事業の成功率は高まると思っている
- □ リスクを負わなくて済むならば、皆が事業に挑戦して成功すると思う
- □ 税金を使うからには、多額の利益を出してはいけないと思う
- □ 補助金が少ないから地方は衰退していると思う

▶ **「稼ぐ→投資する→さらに稼ぐ→さらに投資する」の好循環をつくろう**

02

- □ 計画立案では、地域内の論理を尊重しなくてはならないと思う
- □ 心のなかでは「これは無理だ」と思って取り組んでいる
- □ 当初の計画を変更してはいけないと考えている
- □ 地域活性化における計画には、おカネの話ばかりを書いてはいけないと思う
- □ 最悪の事態を最初から考えるなんて縁起が悪いと思う

▶ **「最悪の事態」に陥っても対応できる体制を整えよう**

03

- □ 返礼品競争で勝ち、ふるさと納税を増加させれば、地域は活性化すると思う
- □ せっかく集まった税収は早く使ったほうが良いと思う
- □ 地域の商品は行政が主体となって営業すべきだと思う
- □ ふるさと納税で地元産品が売れれば、企業の競争力が上がると思う
- □ 試しに返礼品で食べてもらえれば、二度目は正規価格で買ってもらえるはずだと思う

▶ **「安売り合戦」を脱し、市場の適正価格で売ろう**

04

- □ 赤字体質が恒常化している
- □ もらうおカネのほうが、借りるおカネより地域事業にプラスだと思う
- □ 地域の経費の見直しをしていない
- □ 「金融」のことがイマイチよくわからない
- □ 貸借対照表・損益計算書などがわからない

▶ **「新たに稼ぐこと」と「経費を削ること」に徹底的にこだわろう**

第5章

組織の活かし方

「個の力」を最大限に高める

地域活性化を推進する上では、3つの壁があります。

ひとつ目は「事業の壁」です。地域全体をひとつの会社と見立て、行政・民間横断で見て黒字となる事業をつくり出さなくてはなりません。これは主として、民間が突破すべき壁です。

2つ目は「制度の壁」です。地域活性化で大切なのは「他の地域でできないことを自分の地域だけで実現すること」ですから、通常は法律・制度といった規制を緩和していく必要があります。これは主として行政が突破すべき壁です。

最後のひとつ、かつ最大の壁が「組織の壁」です。これは役所も民間も分け隔てなく、あらゆるところで発生している壁です。事業や制度と違って、組織は個人の集合体ですから、極めて属人的で情緒的で、個々人の生活やプライドと直接的に結びついているため、打開が難しい。ですから、確実に成果をあげる取り組みの多くは、「既存の組織を変化させる」なんてことに労力を割くのではなく、「新たな組織をつくる」ことで、この壁を突破しています。

組織対策には「攻め」と「守り」の両方が必要です。

新たな挑戦を牽引するためには「攻め」の組織づくりが大切です。これには、新たな組織をつくり、適切な人材を集めて取り組むことが効果的です。たとえば、私が熊本市中心商店街エリアで地元の仲間と共に事業を始めた際も、商店街振興組合や商工会議所、中心市街地活性化協議会といった既存の組織ではなく、新たな熊本城東マネジメントという会社を自分たちの資金で設立してスタートしました。また、「稼ぐ公民連携」で成果をあげる紫波町では、オガール紫波という新会社をつくり、さらに財源は政府からの交付金や補助金ではなく地元金融機関から調達するという方法に切り替えました。従来とはまったく違うやり方をしているのです。

一方で、地域での取り組みでは、別に資金負担もせず、取り組みに協力もしないのに、意味なく御意見番を気取って意見を言い出す重鎮たちが多数います。これらへの対策のためには「守り」の組織対策をします。熊本城東マネジメントの立ち上げの際には、協議会組織をつくり、そこに行政・大学・商店街・NPOなどの関係者を集めて会議を行いつつも、会社経営における意思決定は株主であり役員でもある4人だけで行いました。紫波町の取り組みでもデザイン会議という町民を集めたオープンな会議を行いつつも、そこでも責任ある意見を町民に求め、専門家がその提案の良い点、悪い点をその場で答えて解決するという「守り」の対策を行っています。

そもそも、組織を変えるなんてことに労力を割くことは不毛です。過去の常識、慣習を断ち切り、適切に新たな組織をつくりつつ、既存組織からの圧力には守りを固める。それによって、地域に必要な競争力のある事業をつくることこそが重要です。

01

撤退戦略

絶対必要なものが計画に盛り込まれない理由
未来につながる前向きな「中止・撤退」を語ろう

組織が大きな失敗をするとき。

それは挑戦に失敗したときではありません。むしろ、失敗の予兆が明らかになっているにもかかわらず、それを放置して**「撤退をしないとき」**、組織は大きな失敗をしてしまいます。

そもそも最初から100%成功するなんてことは、誰がやってもありません。たまたま当たることもあるかもしれませんが、9割9分は失敗します。しかし、**その失敗の予兆を察知して、大幅な変更をしたり、そもそもその事業から撤退して異なる事業に挑戦する中で、成功が生まれていきます**。最初に計画したとおりに最後まで突っ走るなんて馬鹿なことは、本当に成功したいと思えばしません。

しかしながら、組織は時に、非常識なことを平気でしでかします。最初に計画したとおりに推進することが至上命題となり、そもそも「計画どおりにいかない」ことが判明しても、それを放置してしまう。どんどん損が拡大し、失敗が濃厚になってしまっても、どうにかごまかしごまかしやってしまう。結果として、気づけばとんでもない大損をしてしまっているということが少なくありません。

ましてや、地方活性化事業の基本計画などを見ると、**失敗したときの撤退戦略について書かれているものは皆無**と言っていいほどです。本当にまったくないのです。

ここでは、組織意思決定に必須となる「撤退戦略」について解説します。

▼計画の初期段階から責任の所在が不明確

撤退戦略とは、**「ある事業がこういう条件を満たさなかったら中止、当初の計画である、この水準を下回ったので撤退する」**という要件を入れることなのですが、地方活性化事業の基本計画には、これがまったくありません。

地方自治体などの事業をウォッチしていると、「最初は活性化を目的に始めた事業が、途中からうまくいかないことが判明し、事実上計画は失敗している」というケースが山のようにあります。

しかしながら、ほとんどの場合、責任の所在が明確化することを恐れ、無計画に資金を入れ続けてしまうのです。そして気づいてみれば、累計でとんでもない巨額の資金を垂れ流してしまう。「地域活性化の起爆剤」などと言われ期待されたプロジェクトが、まったく別の意味で起爆してしまうという笑えない話が、各地で見られます。

地域活性化事業を経営の視点で見るとき、「いかに成功するか」ということ以前に、**「失敗したときには『適切なタイミングで致命傷にならないうちに撤退する』ことをあらかじめ決めておく」**のが大切なのは言うまでもありません。なぜなら、**企業以上に「ゴーイング・コンサーン」（＝継続性）と向き合うことが、地域経営の基本**だからです。

▼撤退戦略を設定していない場合の「2つのリスク」

こうしたことを考えず、自治体の首長などが一時的な注目を浴びようという目的で華々しいプロジェクトを次々とブチ上げ、撤退戦略もないままに突き進むと、後々、地域は大変なことになっていくのです。

頭に入るように、整理して考えていきましょう。撤退戦略の設定（撤退設定）がなされない場合の問題点は、大きく言って2つあります。

●リスク1：失敗したときの傷が深くなる

まずひとつは、「失敗したときの傷が深くなる」という問題です。

状況が著しく悪化した際、撤退戦略がないと、客観的に「撤退をする時期にさしかかっている」という議論が起きないという基本的な問題を抱えます。

状況が悪化したときは、関係者はどうしても失敗を認めたくないので、撤退の決断は常に遅くなります。結果、最初はプラスを目指したプロジェクトなのに、責任回避のためにズルズルと発生するマイナス部分を別の予算で埋め合わせることになってしまいます。活性化どころか、赤字を垂れ流し、何も地域に効果をもたらさず、逆に「衰退加速」となってしまうわけです。

●リスク2：撤退設定できない組織が事業をさらに弱くする

もうひとつは、最初から撤退設定ができないような事業は、そもそも失敗しやすいという問題です。

事業の初期段階で撤退設定について議論すると、「縁起でもない」「最初から失敗を語るな」などと言い出す人がいます。別に「失敗しろ！」と言っているわけではないのですが、最初から頑なに成功することとしか話してはいけないという論調になってしまうことがあるのです。

プロジェクトを任されたチームが、最初の段階で大事な撤退設定についての議論が起こせないような空気感に覆われている場合、それは**自分たちが特別であるなどと思い込んで競合を軽んじるなど、状況を客観的かつ冷静に議論・判断できない環境にある**ことを意味します。

当然ながら、取り組む事業もひとりよがり、もしくは「形式的、手続き的」になりがちです。しっかり実情と向き合い、柔軟に当初の計画を変更するという、成功に必要な改善を導き出すことができなくなってしまいます。

事業の成否は、無謀な突入や、手続きばかりはきちんとしている「形だけの一貫性」ではなく、**常に変化する状況と向き合う柔軟性**にかかっています。そもそも、**撤退などの話ができない状況自体、その事業を推進するチームへの大きな「危険信号」**なのです。

▼失敗責任から逃げると「追い銭」は高くつく

地方活性化では、大層な計画を立て、膨大な税金を投入して、公共施設や商業施設開発を行ったり、公共交通網を再整備したり、イベントなどを開催したりしています。

しかしながら、**それらの事業がまったく思うような成果も出せず、さらに経済的にも自立しないままに常に公的財源に依存し続ければ、活性化事業はそのまま自治体の財政負担になっていきます**。

このような「追い銭が高くつく」という悪い例は、全国各地で多数あります。

本書でも触れてきた青森市のアウガは、単に計画段階から問題があるだけでなく、失敗したにもかかわらず、根本的打開策を打ってきませんでした。結果として、施設の経営が失敗だったと事実上判明した後も自治体が場当たり的な支援をし続け、投入した予算は、施設完成後から今に至るまでで合計200億円を優に超えてしまいました。当初の開発費が180億円の施設ですから、すでに開発費用以上に**「失敗したことを取り繕うために」**予算をかけてしまったのです。

山梨県南アルプス市の六次産業化施設「完熟農園」も、スタート段階で約8億円を市が投資。しかし開業後3カ月で資金繰りがショートしかけて経営難に陥りました。その際に抜本的な経営の見直しがまったくなされず、自治体が場当たり的に5000万円の緊急融資を行いました。しかし、開業後1年足らずで破産にいたり、その資金は戻ってきませんでした。

このような事例は他にも、岡山県津山市のアルネ津山や山梨県甲府市のココリ、福岡県北九州市のコムシティなど、山ほどあります。つまり問題が起こるだけでなく、**問題が起こった後に、それを「場当たり的に取り繕う」ことによって責任を先送りすると、追い銭が高くつく**わけです。失敗がわかったら、さっさと負債などを精算し、いったん撤退してやり方を根本から見直さないといけないわけですが、それがなかなかできないことが問題を大きくするのです。

このように、地域の活性化事業に最初から撤退条件をつけておかないと、潰すと責任問題になるので、関係者は皆、ごまかそうとしていきます。結局、再建計画などといっても、ほとんどの場合、根本治療ではありません。ズルズルと小さな予算を逐次投入するという「当座しのぎ」を繰り返し、気づいてみると膨大な損失に膨れ上がってしまうのです。

しかも、そうしているうちに、事業の担当者なども入れ替わってしまい、時には市長などのトップも選挙で交代となり、責任問題はいずこかへ押しやられます。事業の一部を任されていた民間業者も「私たちは、単に行政から依頼を受けて動いただけです」みたいな方ばかりになります。結局、**こうした不幸な地域活性化の事業は責任者が不在のまま、誰も撤退の意思決定をせず、惰性で続けられてしまう**わけです。

では、どうすればいいのでしょうか。本来は「ある一定の段階」を超えたら、過去の投資については「サンクコスト（回収不能費用）である」と、諦める必要があるのです。いったんすべてをリセットした上でなければ、経営支援などしても効果はありません。失敗しても誰も撤退を決められないプロジェクトは、地域からヒト・モノ・カネをダラダラと奪い続けていくのです。

ですから、**撤退要件は絶対に最初に定めなくてはなりません**。誰かがそのときどきで決めるのではなく、**一定のルールで定めなくてはならない**のです。もし属人的な形でプロジェクトが開始され、初期に撤退要件を決めていない場合は、前述のように、首長も担当者も、「自分の任期の間だけは逃げ切ろう」と、無駄なおカネをつぎ込みがちなのです。

今、地方創生でもＫＰＩの設定やＰＤＣＡサイクルを通じた検証などが叫ばれていますが、それ以上に重要なのは撤退要件です。

目標をどの程度下回ったらプロジェクトを中止するのか。これを最初に明確に定め、取り組むことがすべての基本です。誰かが危険になったら決めてくれる、などという希望的観測はやめなくてはなりません。特に縮小社会の場合、ひとつのミスが地域の命取りになりかねないのです。

▼撤退戦略とは、「未来につながる前向きな話」

私たちが地域で仲間と共に事業に取り組む際にも、時間軸でのリミット、資金軸でのリミットの大枠を最初に定めます。「これ以上時間をかけても事業が実行できなかったら中止しよう」「この額以上に損が出たら中止しよう」といった具合です。

あらかじめ決めておけば、万が一これらの撤退要件にひっかかる状況になれば、ためらうことなく「ここらへんでいったん考えなおそう」と言い出せます。でないと「まだもう少し頑張ろう」とか「もう少しだけ投資すればどうにかなる」といったように、損切りする、しないで論争になってしまいます。

地域活性化事業で重要なのは、成功することと共に、大きな失敗をしないことです。もし大きな失敗をしたら、再挑戦することは困難になります。地域での事業は、常に「挑戦と失敗の繰り返しをどれだけできるか」にかかっています。

挑戦して、まずくなったらいったん手仕舞いして、再度やり方を変えて挑戦してみる。この繰り返しを続けられるようにするためにも、大きな失敗をしてはいけないのです。初期に撤退条件を話すことは、決して後ろ向きな話ではありません。未来につながる前向きな話なのです。

02

コンサルタント

地方を喰いものにする人たち
自分たちで考え、行動する「自前主義」を貫こう

前述のようにプロセス全体を見て、徹底戦略をも入れ込んだ計画が大切であることは言うまでもありませんが、なかなかそのような計画は出てきません。なぜでしょうか。

その一因として、**計画を実践する人がその計画を立てるのではなく、計画立案自体をコンサルタントに丸投げしている**状況があります。

計画はコンサルタントに立てさせ、それを実践するのは別の人たちという話です。こうなると、実践によって成果をあげることではなく、あくまで「計画を立てること」自体がコンサルタントの業務になります。委託する地域側が「そのとおりにやれば成功する計画がほしい」なんて無謀な要求を言いますから、コンサルタントも最初から「失敗したときのこと」に触れて契約が打ち切られてしまわぬように、「変更条件」や「撤退条件」なんて

ものは計画に入れ込んだりはしません。

このように、**結果責任を負うことのない外部の人たちに「計画策定」を任せること自体が、そもそも失敗を招く一因**となっています。

さらに地域側が「専門家」だと思っているコンサルタントの多くは、自らリスクを負って地域で事業に挑戦したことがない、単なる「地域活性化に関する物知りな人」ということも多くあります。自動車をたくさん知っている人が自動車をつくれるわけではないように、実際にやったことがない人に計画を立てさせても、うまくいく保障などありません。しかも、頼む側も経験が足りずに相手を見極める力もないため、会社名などだけで判断して依頼してしまう。このような双方のありえないマッチングによって、撤退戦略どころか、そもそもの当初計画も無謀な内容となってしまうことが少なくありません。

ここでは、組織意思決定を歪める**「名ばかりコンサルタント」問題**に迫ります。

地方創生で発生した「コンサルタントバブル」

現在、地方創生に関しては、政府の基本計画である「まち・ひと・しごと創生総合戦略」

があり、それに基づいて全国の都道府県や市町村のもとで、具体的な政策の策定が行われ、実行に移されています。

この戦略策定に自治体の多額の予算が投入されており、約1800もある自治体からの「怒涛の外注」によって、コンサルタントの手が足りないという状況が生まれました。

従来から、自治体の地域活性化分野の業務といえば、施設開発もコンサルタントを入れ、商品開発もコンサルタントに頼み、委員会の事務局もコンサルタントが取り仕切る、とまぁ、コンサルタントと呼ばれる「人」や「会社」に、何でもかんでも外注されてきました。

しかし、現状を見ればわかるように、そんなやり方をしているからこそ、地域は衰退を続けています。「地域の将来の行方」を自分たちで考えずコンサルタント任せにしてしまっては、「成果」は見込めないのです。

▼コンサルタントの成功地域への「フリーライド」問題

では、なぜコンサルタントに任せても地域は再生しないのでしょうか。

地域活性化の分野では、役人だけでなく、コンサルタントの方々が「ヒアリング」と称して現場を訪れます。地方創生で注目されている地域には、「どうやったらいいのか教えてください」というヒアリングが殺到しています。

そもそも、国や自治体の地域活性化については、全国各地で入札（プレゼンによる競争）が行われています。驚くべきことですが、コンサルタントの中には、落札後に初めて別の成功地域にヒアリングに行き、そのやり方を教わっているところもあります。それ自体が、かなりおかしな話です。自ら手を挙げて、わからない事業を受託するわけです。

しかも、ヒアリングに来るコンサルタントの多くは、基本的な知識もないこともしばしばです。まして、自らのリスクで投資して、地域で事業を立ち上げた経験がある方などは皆無に近いのです。自分が経験したこともない、わからないのに、何となく仕事だからやっているという姿勢で、どうやって地域を再生できるのでしょうか。

問題は、それだけではありません。コンサルタントは、自治体からは相当額のコンサルタント委託料をもらっているのに、現場の実行部隊にはわずかな謝金だけ、もしくは1銭も支払わないこともあります。大手でさえ、そんな「フリーライド」（ただ乗り）を平気でやり、成功地域のリソースを食い潰します。

悪質なコンサルタントの中には、成功地域からもらった資料を流用し、成功地域と同じことをやりませんか、と営業をする人がいます。さらに「実はあれは私がやった」とウソをつく人さえいます。

地域で事業ができる才能がある人なら、そもそも自分で仕掛けます。案件を受託してからヒアリングなどには行きません。つまり、こうした「名ばかりコンサルタント」に任せた段階で、プロジェクトの失敗は、偶然ではなく必然になると言えます。

▼成功事例の「劣化コピー」で地方は衰退する

そもそも、成功地域の当事者でさえ、そのままのやり方が「日本全国すべての地域」で通用するなどとは思っていません。ましてや、多少の資料を読み、1～2時間話を聞いただけで別のコンサルタントが成功させるなんて、無理なのです。

しかし、地域活性化分野では、補助金という「裏の手」があります。

「パクリ」レベルのひどい企画でも、補助金を使うことで、見た目だけはすばらしい「偽物」の計画はつくれるのです。

もちろん、悲しいことに偽物は偽物でしかありません。予算を使って成功地域と類似した商品開発をしても、実際はほとんど売れません。似たような施設を開発しても、経営危機に陥る施設が少なくありません。

事業は「見た目」ではなく「プロセス」であり、目に見えない仕組みが大切なことを、理解していないのです。

結局、成功地域の取り組みとは似て非なる「劣化コピー」を補助金頼りにつくれば、失敗して負の遺産となり、地域をさらに衰退させてしまうのは当然なのです。現状では、そのような悪質なコンサルタントが野放しになっています。

▼コンサルタントに任せた時点で失敗する「3つの理由」

これまで述べたように、悪質なコンサルタントの問題もありますが、それだけではありません。たとえ悪質ではなくても、そもそもコンサルタントに任せると、以下の3つが邪魔をし、地域での事業に成果が出ないのです。

●理由1：需給の不一致＝必要なのは、客観的助言ではなく主体的な実行

地域を活性化させるのに必要なのは、客観的な助言ではなく、問題解決のために主体的に知恵を出し、実行することです。いくら正しい助言を得たとしても、それを実行できる

チームがなければ、何の役にも立ちません。

つまり主体ではない人間が、横から客観的なスタンスで助言をしたところで、それは地域での取り組みに役立つどころか、むしろ実行の邪魔になることさえあります。地域での事業には客観的分析ではなく、主観に基づく決断と実行が重要なのです。

地域が必要としていることと、コンサルタントにできることの需給が、不一致なのです。

●理由2：主体性の不在＝自治体の基本姿勢は「他力本願」

計画や事業をコンサルタントに任せてしまう地元側にも、問題があります。

「詳しい人に任せれば、わからない問題が一気に解決する、もしくは面倒なことが整理されて前に進む」と勘違いしている人がいます。**そのような他力本願の姿勢こそが、地域衰退の一因**とも言えます。

地元側の数名の小さなチームでもいいから、自分たちで事業を立ち上げるために資金を出し合い、必要なことを実行し、さまざまな壁を超える覚悟を決めなければ、どんなに優秀なコンサルタントを雇っても、何もできません。

●理由3：責任が不明確＝税金だから、「結果三流」でも誰も困らない

コンサルタントは計画や業務遂行を担っているだけですから、任された範囲で業務はやっても、その結果に責任をとれる立場にはありません。

頼まれたことは手続きに沿ってきちんとやります。これは一流です。しかし、手続きだけはしっかりしているものの、活性化するという意味での結果は三流だったりします。

民間企業なら、結果が出ないと、最悪の場合倒産してしまいます。しかし、コンサルタントへ依頼するための財源が「税金」であることが多いため、誰もその責任を問わないのです。むしろ、制度に従い、地元によく来てくれて、融通が利く便利なコンサルタントが好まれ、成果を出す、出さないは「二の次」になってしまったりするのです。

▼自分たちで考え、行動する「自前主義」がまちを変える

では、コンサルタントに丸投げせず、自らの責任で地域再生に成功したケースはないのでしょうか。もちろんあります。それが、第2章でも紹介した、岩手県紫波町の「オガール」です。紫波町の公民連携基本計画やＰＦＩ仕様書は、自治体職員が自分たちで調べ、自分たちで考え、策定しています。

不慣れでもいいから、**職員たちが考え抜いて独自にプランを作成した**のです。自分たちで必死になって策定したからこそ、それをしっかり実行していくことにも力が入ります。

私自身も、仲間と事業に取り組む地域で、最初にコンサルタントを招いて計画を立ててもらったことはありません。わからないなりに、自分たちで地元の状況をもとに考え、自分たちで出せる資金を出資し、事業を立ち上げ、細々とでも継続するための努力をしています。

地域の行政も民間も、コンサルタントなどに任せず、自分たちの頭で考え実行することが、地域活性化における基本であると思います。**必要な専門家の方にはそのときどきに助けてもらえばいい**のであって、そもそもの計画や業務を任せてはいけません。

地方創生については、何でもコンサルタントに依頼する習慣を一度やめてみるべきです。各地域が「自分たちで考え、やっていこう」と決めれば、まちはそれぞれのやり方で、小さくとも前進していける可能性を秘めているはずです。

03

合意形成

地方を蝕む「集団意思決定」という呪い

無責任な100人より行動する1人の覚悟を重んじよう

地域活性化分野において、なぜ誤った意思決定をしてしまうのか。

その原因のひとつが、みんなで議論して行う**「合意形成」を重視すること**にあります。役所などはどうしても、皆が議論することが重要、皆が納得することが大切と考えてしまうわけですが、皆が議論し納得したところで、事業が成功する保証はありません。

むしろ**集団意思決定は、時に大きな間違いを犯す**ことで知られています。

しかしながら、なぜか「集団意思決定の功罪」の罪の部分については、学校でも習いません。学級会でも「皆で議論しましょう」というものの、「皆で議論すると失敗する原因」については説明されないわけです。

組織的に皆で知恵を持ち寄り、膨大な時間をかけて合意までいたったことなのに、なぜトンデモナイ意思決定をしてしまうのか。
本節では、このような「集団意思決定のワナ」について解説します。

▼「反対されないこと」は事業の成功にとって重要なのか

地域活性化分野において、多くの関係者が課題だと思い込んでいるのが「地域で合意形成をしなくてはならないが、うまくいかない」というものです。

実は、私のもとにも「関係者全員の合意がとれない」「どうしたら反対されないのか」という相談が、結構な頻度で持ち込まれます。本当に必要なのは、「地域がどうしたら活性化するか」という、具体的なやり方のはずです。しかし、具体的な活性化手法よりも、合意形成にとらわれてしまっている人々があまりに多いのです。

そもそも、ものごとの仕組みを変える際、新たな取り組みについて、皆が事前に合意できるなんてこと自体が実は「幻想」であると思うのですが、どうしても「皆に合意してもらわなくてはならない」と思い込んでしまい、前に進めないのです。

これには、「皆で合意しなくてはならない」という、強迫観念にも似たものがあるように感じます。何でも皆の意見を聞き、それを反映することこそが「よいこと」だと思われているのです。

では、皆が合意をすれば、プロジェクトは成功するのでしょうか。残念ながら「そんなことはない」というのは、読者の皆さんもお気づきのとおりです。

そもそも、衰退している地域に「新たな活力」を生み出すには、「新陳代謝」が必要です。古いものが新たなものに置き換わるプロセスでは、新しい取り組みは、一部の人には短期的に不利益に見えることも多々あるのです。

▼「筋違いの反対」にひるむな

地域での取り組みでは、筋違いの反対を多く受けることがあります。

私が熊本城東マネジメントをスタートした際の経験をご紹介しましょう。第1弾の事業は15棟を横断した地元のビルメンテナンスコスト、具体的にはごみ処理料金の削減でした。民間企業が集まり、適切にコストを削減できるような契約に切り替えていくことは極めて合理的な話で、相手方のごみ処理会社にとっても、個別ビルとばらばらに契約するより合理性があります。

しかしながら、これに対してとある経済団体の役員が反対を示しました。その理由が**「地元企業を競争させることはけしからん」**ということでした。**ここは自由な資本主義経済の国でないのか**、と驚いたわけですが、地方で新たな事業をつくるということは、そういうことでもあります。

その一方で強く支援をしてくれる民間・行政・政治を横断した地元の人たちもいたからこそ、事業はスタートし、8年間継続しています。最初に強い反対者がいるからといって怯むのではなく、ちゃんと信用してくれる人たちの期待に応えることが大切です。

このように、**地域での「合意形成」は成立しにくく、「反対」そのものも筋違い**ということが少なからずあるのです。しかも、こうした筋違いの反対に対しては、えてして「彼らの意見も聞いて内容を変更すべきだ」「ちゃんと合意形成してから進めるべき」などという話になり、そもそも新たな取り組みをする人が「悪者」になってしまいます。そんなことになるので、改革が進まず、結果としてその地域は衰退してしまうわけです。

私も各地で仲間と会社をつくって事業をスタートする際に、地元の人の一部から「聞いていない」とか「お前のプロジェクトを潰してやる」などと言われることがあります。しかし、**それでやめていたら、地域は何も変わりません**。

集団意思決定の3つのワナ

そもそも、人間が互いに主観を排除し、癖を自認しながらフェアにものごとを議論するということは、極めて難しいことです。

たとえば、集団で話し合いをするとき、参加者の多くは**「自分の意見を表明するスキル」**と**「素直に聞いて理解するスキル」**のどちらか、または双方が不足しています。自分の言いたいことが的確に言え、人の言っていることを即座に正確に理解できるなんてことはまずありえません。

自分勝手な行動をとる人や話を横道にそらす人、話の腰を折るような邪魔を入れたりする人がいたかと思えば、変に仕切りたがって誤ったリーダー行動をとる人も現れます。悪態をつき、感情的な行動をとる参加者も少なくありません。

何より、自分の責任が明確になったカタチで意思決定することを避けたいと考えている人が多く、曖昧な結論でしか合意できなかったりするのです。

一般的に、集団意思決定をする際には以下の3つのワナがあり、地域での集団の意思決定でも、こうした問題を常に抱えていることを認識する必要があります。

●ワナ1：「共有情報バイアス」のワナ

「集団は皆に共有されている情報に関する議論に多くの時間を費やし、共有されていない情報に関する議論には多くの時間を費やさない」という傾向があると言われます。これが**共有情報バイアス**です。

合意形成を図ろうと皆で集まって議論しても、そこで共有されていない「第三の情報」については、当然ながら多くの時間は費やせません。結局、集まったグループが持ちえる情報でしか議論はできません。これでは、そのプロジェクトに決定的に必要な観点が抜け落ちたカタチで合意形成がなされる可能性を排除することなど不可能です。その合意形成自体がまったく無意味だったということにもなりかねません。

●ワナ2：「確証バイアス」のワナ

個々人の先入観や選好からスタートし、それを確証する情報ばかりを集めることで、自分の先入観や選好を補強していくという現象があります。これが**確証バイアス**です。

地域活性化においても、やはり自分たちの意見に合う情報だけを集めてしまう傾向が強いのです。「うちの地域が衰退しているのは○○が問題だ」というような話で皆が合意をすれば、その問題構造を補強する情報ばかりが集まってしまいます。たとえば、「商店街が衰退したのはイオンのせいだ」とか、「最近の若者は甘すぎる」という意見はその代表例です。これらは一因ではありますが、全部の原因ではありません。しかし、そう思い込んで合意したグループは、それに対応した情報ばかりを集めてしまいがちです。

●ワナ3：「集団浅慮《しゅうだんせんりょ》」のワナ

賢い集団がさまざまな情報を収集し、集団で意思決定を下すときであっても、大きなミスを犯すことは度々あります。昔から真珠湾攻撃、ベトナム戦争、ピッグス湾事件などはその代表例と言われます。同様に、地方都市における再開発事業などでも、調査がなされ、皆が合意をし、民主的に決定された事業が、大失敗を繰り返したりしています。これらは人が集まるとある意味例外なく起こる、以下の3つの問題に起因します。

問題a：集団の力と道徳性の過大評価

自分たちは有能で優れた意思決定を行っているという幻想が共有され、過大なリスクテイクに傾き、自分たちの集団的な結論が道徳的にもよいものであると、無批判に受け入れる傾向があります。「ウチのまちは歴史的に特別である」「自分たちは国や自治体から選ばれた優れたチームであって、自分たちがやることこそ地域再生の切り札なのだ」というような思い込みが生まれやすいのです。

問題b：閉鎖的な心理傾向

不都合な情報を割り引いて解釈し、当初からの意思決定を「合理化」してしまうことを指します。とりわけ「敵」を蔑視するあまり、敵の能力を低く見積もる傾向が見られます。敵のリーダーを悪人だとレッテルを貼ったり、無能だと断じたり、ステレオタイプ化するのもひとつの傾向です。衰退する地域では、敵である「他の都市」や「競合する商品・サービス」のあら探しばかりをして盛り上がり、自分たちのマイナス情報には目を向けないということが、こうした心理にあてはまります。

問題c：「斉一性《せいいつせい》」への圧力

問題だと思っても、言い出す前に自重してしまうことです。「満場一致の原則」では、誰も真剣な反対意見を述べないので、誰もが他者はそのプランを支持しているのだと思い込みます。しかも、反対意見を言って集中砲火を浴びるよりは、その場の雰囲気を壊さないことを優先してしまいます。最後には「番人」を自認するような人が現われ、都合の悪い情報を排除し、反対意見を言う人に圧力をかける、ということまで起こります。

このように、**集団の意思決定では、皆が集まって議論をすればいい結論が導けるとはかぎらない**ということを十分認識して取り組む必要があります。

▼ワークしないワークショップをやめ、少数チームで挑戦を

先日、とある自治体の責任者が、私のところに立派な冊子を持っていらっしゃいました。お話によると、1年間かけて、その地域の30人ほどが何度か集まり、ワークショップを行い、作成したということでした。きちんとデザインされており、きれいな表紙に参加者の似顔絵までついていました。それに1500万円の税金が費やされたそうです。

たとえ皆の意見を出し合ったとしても、それが費した税金以上の具体的な稼ぎを生み出していないのであれば、まったく無駄だと私は思っています。事実、残念ながらその自治体には何の変化も起きていません。やはり彼らが出した結論については、多くの問題が含まれていました。皆が議論し、合意したからといって、地域を救えるわけではないのです。

本当に無益なことです。

地域活性化においては、責任をとらない100人の意見を集めるより、行動する1人の覚悟のほうが尊いのです。

小さなチームが自ら取り組みを始めるときには、いちいち合意形成などというものは気にせず、**「衰退を引き起こしている問題の解決に必要なトライ・アンド・エラーを、どんどんやってみよう」**という状況に地域を持って行くことが大切です。

小さな取り組みが失敗したところで、地域への影響などたかが知れています。どんどんやってみて、残ったものこそが正解なのです。答えはやってみないとわからないのです。最初に皆の同意をとらずとも、やって成果が出れば、賛同者はどんどん増えていきます。**合意形成は最初にするものではなく、やった結果をもってなされるべき**ものなのです。

ここまで見てきたように、集団意思決定には、常に落とし穴があります。単に合意形成を重要視し、皆が合意すれば地域の取り組みはよいものになる、という思い込みを捨てましょう。話し合いや調整ばかりして、挑戦する人々を潰すのではなく、**挑戦する人を尊敬する**。そのことから始めると、地域における取り組みは、もっと飛躍的に面白くなっていくと思います。

04

好き嫌い

合理性を覆す「恨みつらみ」

定量的な議論と柔軟性を重視しよう

合理的な視点を持って議論をしても陥る「集団意思決定のワナ」だけでなく、誤った意思決定をする際には、**そもそも合理的な視点さえ失っている**場合も少なくありません。

まぁ人間だもの、と言ったらそれまでですが、誤った組織的な意思決定は、単にそれを決定した人たちだけでなく、意思決定に関係していなかった地域住民にまで負の影響が及びます。

しかしながら、実態として今も地方では、駅前に商業施設などの巨大な再開発を行ったり、財政が厳しいと言いながら豪華な庁舎を建て替えたり、交付金でプレミアム商品券を配ったら東京資本のチェーン店に流れて終わったりと、後から見れば**「何でこんなひどい計画を」と思えるような馬鹿げた話が多発**しています。

その背景にはそもそも、合理的な議論さえなく、「好き嫌い」で意思決定をしているという根源的な問題があります。

▼誤った意思決定には、必ず「好き嫌い」がある

もちろん、新国立競技場のケースでもわかるとおり、こうした二転三転するトンデモ意思決定は国や大企業でも常に起こっています。なぜこんなことが多発するのでしょうか。

それは、結局、**論理的な意思決定よりも、情緒的な意思決定がいまだに尊重される土壌がある**からです。これは大都市よりも地方で起こりやすい。地方では、地縁や血縁がどうしても濃くなりがちだからです。

私が商店街活性化の取り組みにかかわってから最も驚いたことのひとつは、「あいつの爺さんは、ウチの店の邪魔をした」といったような、「世代をまたがった恨みつらみ」を受け継いでいたりすることです。個人的に因縁として抱えているだけならまだしも、公的な立場で利害を調整する役割が期待される商店会長などが、個人的な人の好き嫌いで意思決定を変えてしまいます。これには、かなり驚いたものです。

このように、地域の取り組みにおいては、**ものごとを見るのではなく、発言をした人の好き嫌いによって「よし悪し」を判断する**ところがあるのです。

たとえば、実行しても絶対にモトがとれないような案であっても、「あの人が言うなら仕

方ない。やらせてみよう」といったような形で承認されたり、逆にせっかく有益な提案があっても「あの人は先日、自分の案に反対したから絶対に反対する」などとなってしまったりするのです。好きだから「よい」、嫌いだから「悪い」となるので、実はどちらに転んでも大変なことになります。

しかも、こういう「情緒的な意思決定」による失敗に対して、「人間だから仕方ないね」などと寛容な人が結構多くいます。誤った意思決定に対しての反省をしないので、間違いは何度も繰り返されます。

▼「論理的反証」を許さない雰囲気ができた時点でアウト

さらに困るのは、好き嫌いで賛成反対を決める人がいるだけでなく、「同調性が高いグループ」になってしまい、異なる観点からの論理的反証さえも許さなくなることです。何事も情緒的に受け取るため、数字をもとにした議論さえ「単なる反対」としか受け取れなくなってしまいます。

地域を活性化するための計画がしっかりした計画なのか、トンデモ計画なのかは、数字をもとにした議論をすればすぐわかるわけですが、「まちづくりは、おカネではない！」などとよくわからない精神論を語りだし、論理的反証を潰していってしまいます。

本来、**トンデモ計画は論理的に検証し、事前に数字を見ていけば、不可能であることがわかるプロジェクトばかり**です。

たとえば再開発ビルを建設するという計画をよく見ると、毎月のビル運営にかかる固定費が高すぎる一方、テナントから受け取る賃料設定が地元の相場とかけ離れていたりします。これだと計画時点でテナントが集まらない可能性が高く、収支は赤字が濃厚。なのに再開発にゴーサインが出たりします。

また、最近地方自治体で流行りの図書館も、トンデモ計画になりかねません。財政力を考えたら、図書購入費を捻出できなくなるような高級図書館開発であったりします。すべて数字で見ていけば、持続可能なのかどうかがわかります。

しかし、数字をもとにした問題の整理を提案すると「彼（彼女）は活性化の邪魔ばかりする」とか、しまいには「否定的な意見ばかり言わずに、どうやれるのか提案したまえ」というありがたいご指導までいただいて、二度と呼ばれなくなるわけです。

その結果、**論理的な人ほど地域における意思決定にかかわらなくなり、時には、その地域を離れていく**ことにもなってしまいます。結果、ますますもって同調性が高まり、異論の出ない、勢いだけの計画が暴走していきます。

▼情緒だけの「ゴマすりコンサルタント」を雇うな

最近は、地方活性化をするといった場合、外部の専門家の協力が当たり前になってきました。しかし、これも曲者です。地域外から関わる人材の選出についても、情緒性をもとに行われることが少なくないからです。「あいつはウチの地域によく来て、地元の参加者からも評判がよいし、話がわかるやつだ」といったようなことで、人選が決められます。**「ゴマすりコンサルタント」**たちは、このような地域の情緒性を手玉にとって地域に関与していきます。

たとえば「この町は全国で一番きれいな○○がある、この町は世界でも有数の○○がある」といった「きれいなストーリー」を並べて、改革に関わる参加者をモチベートします。このような**「大した根拠はない、だがあながちウソとも言えない」情緒的な内容は、地域の意思決定に関与する代表者たちにも好まれる**ことを、彼らはよくわかっています。

地元の情緒的な意思決定を逆手にとるコンサルタントは、空気を読みまくって、配慮に配慮を重ねていくわけですが、当然ながらこうした人たちに任せると、事業の成果は出ません。なぜでしょうか。**事業の成果を出すことではなく、プロセスで皆に気に入られるこ**

とのほうが、その人のビジネスとしては合理的だからです。

そもそも衰退地域の課題は、他の地域との競争です。地域内で情緒的に支持されたところで、どうにもならないのです。しかしながら、これまた厳しい話をすれば外されるということで、できるだけ情緒的な内容を示して、ゴマすりをしたほうが得策という話になります。結果、成果の出ない「都合のいい人」に地域の貴重な予算を任せてしまい、その地域はますます衰退していきます。

このように、情緒的な意思決定が基本になっていると、**「トンデモ計画の立案→論理的反証（チェック）なし→外部からも情緒性に沿うような人間が集まる→計画はどんどん進行、誰も個人では止められなくなる」**というプロセスが進行します。

▼「好き嫌い」で暴走する地域を止める方法

では、こうした暴走を止めるにはどうしたらいいのでしょうか。そのためには、地域活性化のプランについて、**定量的議論の機会と柔軟性の確保を「初期段階」で確認する**のが大切です。

人間が取り組むのですから、情緒性を完全に排除することは困難かもしれません。しかし、せめて**論理的・定量的な議論を定期的に行う**だけでも、かなり暴走は止められます。活性化に関わる関係者が出すそれぞれの意見も、単なる感想ではNGとし、数字をもとにした内容にするのです。また、出された意見も、数字で計算して検証してみれば、それが可能であるのか否かがよくわかります。

たとえば「図書館構想」を皆で議論してプランを練るとします。それをつくるにはいくらの予算が必要で、維持費はどれだけかかるのか。1冊あたりの貸出コストはいくらで、1世帯あたりの負担はいくらなのか。施設維持費はいくらかかり、図書購入費はいくら程度になるのか。数字で見ていけば、議論の熟度は高まります。このとき、勝手に情緒性を優先させて、希望的観測に基づいて作為的な数字の作り方をしてはまったく意味がありません。ここはあえて批判的にやってみることが大切です。

また、**何事も一貫性よりも「柔軟性」を優先することを最初から確認しておく**べきです。初期段階よりも、検討を進めていった後のほうが情報は集まり、分析も熟度が高まっていきますので、ものごとは変更されて当然なのです。

しかし「定期的に抜本的変更を加えること」を最初に宣言し、確認して進めないと、個々人の面子や人間関係を理由にしてズルズルと「初期の無理な計画」の検討が続けられてしまいかねません。そして「後戻り不可能なタイミング」にいたってしまい、「ここまできたらやってしまおう」という話になって、トンデモ計画が実現されてしまうのです。

こうした「定量的議論」と「柔軟性確保」のルール化は、どんなに取り決めておいても煙たく思う人は少なくありません。このルールをその都度確認して進めることは、マネジャー（計画のまとめ役）にとって、非常に孤独な作業になることもしばしばです。逆に言えば、地域でのプロジェクトを率いていく人材には、その孤独と向き合うことが必要だと言えます。

情緒に任せ、内輪受けで盛り上がりながら、プロジェクトが失敗しても単に傷を舐め合うだけの「仲良しクラブ」では、真に地域を変えることはできないのです。

たとえ自分個人が損をしたとしても、ダメなものにはダメとストップをかけ、修正するべきものは修正する。それが本当に故郷を愛することではないでしょうか。

05

伝言ゲーム

時代遅れすぎる、国と地方のヒエラルキー

分権で情報と実行の流れを変えよう

組織の問題には、単にひとつの組織内部で発生するものだけでなく、「組織と組織の間にある構造」が原因の場合もあります。

組織間には相対的な順序、ヒエラルキーが存在します。ここで問題なのは、**社会全体が進歩しているにもかかわらず、昔ながらのヒエラルキーが残り、意味不明な伝言ゲームを強いられる結果、組織的な意思決定を非効率かつ不的確にしてしまうこと**です。

その代表格が、政府（各省庁）、都道府県、市町村というヒエラルキーです。私は冗談で、県庁所在地を**「明治維新利権」**と言っています。

インターネットも高速道路も新幹線もなかった時代、明治維新政府が樹立した都道府県・市町村というツリー構造を基本に情報を集め、その情報をもとに政策を立て、都道府県・市町村を経て民間に実践させるなんてことは、今の時代においては非効率の極みです。

しかし「昔からそうだ」ということで、今でも続いています。

旧来型の組織構造では、問題が次から次へと加速度的に細分化して深刻化する今の時代には、課題解決を図るのは不可能です。

▼都道府県単位での社会構造は、すでに崩壊している

各都道府県単位に行政拠点をおいて社会そのものを管理する仕掛けは、事実上崩壊しようとしています。

従来は、都道府県ごとにおかれた県庁所在地に、官庁だけでなく都道府県単位での民間企業の支店やら営業所やらの中枢がおかれ、営業活動をしていました。つまり、行政も産業もそこに集まり、名実ともに県庁所在地がその都道府県の中心部であるという時代がありました。

しかし1970年以降は、中心部にあった県庁や市役所も郊外に移転、さらに新幹線と高速道路が開通したことで「民間企業の支店などは複数都道府県でひとつずつ」といった形で統廃合されています。もはや、県庁所在地は事実上、地域をコントロールできる場所でも、地域の中心部でもなくなってしまっています。たとえば、山形市は高速道路によっ

て完全に仙台市経済に組み込まれてしまっています。

このように47都道府県すべての行政拠点の近くに、民間企業が支店や営業所をおくという時代は、すでに終焉を迎えています。これはまず東北全域に始まり、その後、全国的に広がっていった現象です。

実際、九州であれば福岡市に、中部であれば名古屋市に、業務機能も商圏も、どんどん統合されていっています。国の出先機関さえ北海道、東北、関東甲信越、中部などでひとつずつなのですから、実質的に都道府県ごとでできることは、どんどん少なくなってきています。

さらに、インターネットの登場によって、このような都道府県の事実上の経済圏統廃合が加速しているわけですから、いつまでも昔の構造を踏襲して施策を打ち込んでも、無理があるわけです。

▼情報収集でも「三重苦」、正確な政策立案は不可能

無理というのは、「情報を集める」「事業を実行する」、両方の意味でです。

「情報を集める」から解説していきましょう。ほとんどの場合、活性化事業で成果をあげ

ているのは民間です。すると国は、都道府県や国の出先機関に「地方にいい事例はないか」と聞きます。都道府県は市町村に聞いて、市町村は普段から補助金を出している地元の民間団体に聞き取りに回ったりします。

国の出先機関も、過去の補助金支給実績のある民間団体に聞いて回ります。こうして集まった情報を、今度は上（都道府県や国）に戻していくわけです。

ここで3つの問題があります。

●問題1：伝言ゲームの弊害

まずひとつは、**こんな伝言ゲームをしていたら、伝わる情報も伝わらない**という話です。毎度、実践者ではない役人のフィルターが入りますから、事例の概要や分析について、偏りがどんどん生まれていってしまいます。それが二度、三度と重なっていくわけですから、上につく頃には……想像しただけで、うまくいかないのがよくわかりますよね。

実際、「え、それって間違いでしょ」という事例紹介が普通に行われていたりするわけです。まぁ、本人は見たことも聞いたこともないことを、人から聞いた情報だけで資料にするわけですから、当たり前です。

●問題2：民間団体の取り組みに詳しくない

2つ目の問題は、都道府県も市町村も国の出先機関も、**「補助金をもらっていない民間団体の取り組みについて知らない」**という現実です。

実際に、「商店街での成功事例○○選」といったものを国が企画して作成したときも、都道府県・市町村・国の出先機関などが調べて回ったのですが、驚くほどに、補助金をもらっている取り組みばかりでした。行政は、おカネをもらいにくる民間とは接点があるものの、補助金をもらわずに成果を収めている人たちとは、接点がないのです。

●問題3：失敗した情報は伝わらない

そして3つ目、何より問題なのは、**「失敗した情報」は伝わらない**ということです。当然伝える側は自分たちが損する情報など、上に上げるはずがありません。民間も、市町村も、都道府県も、国の出先機関だって同様です。結局のところは、補助金を使って、何となく成果が生まれたように見える「都合のいい」事例をまとめるしかないわけです。

事実、2015年9月9日、政府の「まち・ひと・しごと創生本部」が、今までの地域再生関連政策の総括を求める安倍総理の指示に基づいて、各省庁に失敗事例について聴取すると、**過去の政策の失敗を告白したところは「ゼロ」であった**といいます。

つまり、どの省庁も「どれも失敗していなかった」と回答したわけです。「これは失敗作でしたということは言いにくい」と石破地方創生相（当時）も認めていますが、このように、都合の悪い情報は集まらず、都合のよい情報ばかりが集まってしまうわけです。

こうした中、2015年、私たちのエリア・イノベーション・アライアンスが過去の中心市街地活性化における失敗事例をまとめた『あのまち、このまち失敗事例集「墓標シリーズ」』は、大変な反響を得ました。

中でも驚いたのは、財務省主計局の主計官が私たちのレポートを読んで、**「自分たちのつけていた予算が、このようなことになっていたとは知らなかった」**と話していたことです。もう明治維新以来のヒエラルキー構造では、地方の実態は霞が関には届かず、正確な政策立案は不可能であることを痛感させられたときでした。

▼旧来の枠組みで考えず、実態から考えよ

こんな状況でつくられた政策に乗っかったらどうなるかは、言うまでもありません。

地方再生政策が軒並み失敗してきた背景には、前述のように、個別の事業内容が悪いう

んぬん以前に、もはや国からの伝言ゲームをベースにした構造で政策がつくられ、さらに上から下へと予算が流される形で成果を残すなんてこと自体が、「無理じゃないのー?」ということなのです。

実は、地域での取り組みは、民間が、農業、林業、漁業、地方の中心部の再生などを含め、さまざまな分野で新しい仕掛けを始めて、成果を収めてきています。これを政策に活かすためには、**直接的に国が地方事業に手を入れるのか、もしくは地方が自由に事業に取り組む権限を与えるほかない**と思います。

「まち・ひと・しごと創生法」に書かれているような、国による基本戦略、都道府県による基本戦略、市町村による基本戦略のような流れ作業では、もう事態は改善しません。

今回の地域創生を、この構造での情報収集、事業実施から離れて、戦略や事業実施を先進的な民間の取り組みに基づいて考え、軽い組織モデルへと変化するチャンスにしていきましょう。軽い組織がスピーディに動くことが、地域の課題を解決する近道です。

06

計画行政

なぜ皆が一生懸命なのに衰退が止まらないのか？
誤った目標を捨てよう

組織がトンデモナイ結論を導き出すもうひとつの理由として、**「綿密に検討された計画があれば成功する」という思い込み**があります。そのため、事前に綿密な調査をし、綿密な計画を立てることに全力を挙げるわけですが、実行段階になると、あとは計画どおりに進めればよいとタカをくってしまうのです。下手をすると、計画を策定していたチームが解散となり、別のチームに実行が任されたりします。

計画を立て、実行する。当たり前のように見える話ですが、そもそも計画を立て、実行すると、なぜ成功するのか。計画を立てる段階で検討できる内容はそもそもどの程度で、実行して初めて見えるものはどの程度あるのか。そういう「当たり前を当たり前で処理しない」という思考がどれだけあるかといえば、かなり怪しいものです。

▼計画して管理もしているのに、まったく成果が出ない現実

これまでの地域活性化事業はすべて、計画行政的な手法によって進められてきました。

この2年ほど全国各地で策定されてきた地方創生に関する総合戦略でも、「地方が各々つくる総合戦略」については「基本計画を立て、KPIを決め、PDCAサイクルを回していこう」ということになっています。これは至極真っ当な話なのですが、**実は、この方式は、これまでもさまざまな地域政策で散々やってきたやり方で、ほとんどが失敗に終わっているのです。**

全国各地の都市中心部を再生する際のケースを見ると、まず目標設定を含めた基本計画を策定し、それを国が認定し、事業予算がつけられます。そして「目標が達成されているかレビューして、公開もする」という、一見すると完璧なプロセスをとっています。しかし残念ながら、地方都市中心部がこの基本計画でしっかり成果をあげているという事例は、ほとんどないのです。

「何も管理をせず、成果なんてものは無視してダラダラと取り組んでいるから衰退してい

る」のなら、問題は深刻ではありません。それをたしかにやるように変更すれば、成果が生まれるからです。しかし**皆が計画を立て、目標管理をして、改善を行っているにもかかわらず、地域がどんどん衰退していってしまっている**ところに、地域分野の問題の深刻さがあるのです。

▼成果を阻む「3つの間違い」

では、なぜきちんとやるのに成果が出ないのでしょうか？

きちんとやっているつもりでも成果が出ないときには、ほとんどの場合、関係者は以下のような「3つの間違い」を犯しているのです。

●間違い1：戦略や計画が「対症療法」にしかなっていない

戦略・計画策定をするときの「肝」は「ゴール（目標）設定」と「現状の認識」です。将来目指すべきゴールと、現状の認識とをすりあわせて戦略を考えていくわけです。しかしながら、失敗する事業の多くは、ゴール設定が曖昧で、今「表面的に起きている現象」を「問題」と設定してしまいます。つまり、**「目の前の問題にどう取り組むか」**を、戦略・計

画だと思い込んでしまうのです。

どういうことでしょうか。たとえば地方創生においては、人口の増減そのものが問題ではないので、「人口を増やす戦略」自体がナンセンスです。

かつては人口増加が社会問題だといって増加抑制策を打ち出していたのに、今度は人口減少が社会問題となってしまっていることは、第3章でご説明しました。そもそも人口の増減は常に起こるもので、「地域を経営」するときには、その増減にどう対応するのかが問われているわけです。当たり前ですが20年後の成人人口は、今年生まれた子供の数で決まります。いくら地域間競争をして、隣近所から奪ってきたところで、国単位では縮小するのです。計画の根本は、人口が減少する20年で、「どうやったら破綻しない持続的な社会をつくり出すか」にあります。

しかし、**実態は「人口が減るのが問題だ。どう増やすか」という話になり「カネで人を釣るような事業を行うための予算獲得競争」を、戦略・計画と呼ぶ**ようになってしまいます。

対症療法的な計画や戦略を立てても、問題は次から次へと噴出します。すると、大半の場合、それぞれの問題で対症療法的に対応がなされるので、問題は解決しません。これまでの地域政策では、産業立地再生、中心市街地再生、地域再生、都市再生、農村再生などなど、それぞれの部分だけを取り上げて、うまくいかなかったものをどう挽回するか、という視点でしか計画が組み立てられず、成果もでなかったことを忘れてはいけません。ひとことで言うと、**戦略・計画と言えないものを、戦略・計画と呼ぶ最初の段階で、すでに失敗している**のです。

●間違い2：達成しても無意味な「目標設定」がひとり歩き

間違い1で指摘したような、**「誤った戦略・計画」の上に、目標設定が行われてしまいます**。これは悲劇です。数値目標などが出されると、何となく、ちゃんとしたものに見えてしまうので、本当に困ったものです。

たとえば、地方都市における中心市街地衰退では「居住者の減少が問題」とされがちです。そもそも、いろいろな人が選択する上で、場所によって優劣がつくのは当たり前の現象なのですが、なぜか「中心部でも居住者を増加させなくてはならない」ということになります。

結果として、とある市では全体で40万〜50万人も人口があるのに、わずか800人程度の居住者を中心部に集めるために、道路や広場、駅などの社会資本整備、マンション再開発、公共施設整備などで、100億円規模の予算が投じられたりしています。しかも、その目標さえ達成されないという悲しさ。このような事例は、何も特定の市の話ではなく、規模の大小こそあれ、どこでも発生しています。

「いくらおカネを使って、何を達成するのか」という費用対効果に対する考え方が、地域分野ではほとんどありません。しかも、恐ろしいことに、誤った数値目標を達成するために、決めたものは採算を度外視してまで実行してしまう。数値目標を達成しさえすればよい、という話になってしまうわけです。

こうして、目標達成をしたところで、もともとの目標が間違っているので、残念ながら目に見える成果は生まれないということになります。

●間違い3：「根本」を疑わず、改善ばかり行う

間違い2でも触れたように、計画を立てると「誤った目標でさえ、達成できなかったりする」わけです。そうすると、どうなるでしょうか。多くの場合、誤った目標達成に向けて、「やり方を変えなくてはならない」「予算が足りない」という話になってしまいます。

「もともとの戦略・計画、もしくは目標設定が間違っているのではないか？」という考えにいたらないのです。目標達成に向けて、もっと大胆な事業を策定し、莫大な予算を投じよう、という話になっていきます。

そもそも拡大社会から縮小社会へ転換する場合、従来の戦略・計画の根本を疑い、枠組

みから変更するということがなければ、転換は不可能です。縮小社会では、拡大社会時代の前提である「増加のみが問題を解決する」という発想そのものを疑い、「先行投資を莫大に投じれば逆転できる」という幻想を捨てなくてはなりません。

新たな時代に則して、まずは現状で確保可能な需要を先回りして確定し、それに対応して施設規模やサービス規模を決定します。初期投資は「補助金でもらって終わり」ではなく、マイナスにならないようにしっかりと投資回収を意識した戦略・計画を立てなくてはなりません。

目標設定のあり方も、従来の「量」で計るモノサシでやってはダメで、「ひとりあたり」の単位や効率といった視点で計らなくてはなりません。しかし、**このように根本から改善するという思考はほとんどなく、空虚な目標を達成するための施策改善という狭い視点で「PDCAサイクル」は回り続けます**。

▼現場は「誤った目標達成」を強いられ、疲弊する

ここまで見てきたように、戦略選択、目標設定、そしてその目標を何がなんでも達成するための改善というのは、大抵は意思決定者が犯す間違いです。自治体も企業も同様です

が、**トップが誤った意思決定をしてしまうと、最も負担がかかっていくのが現場**です。

多くの地域政策においては、現場担当の自治体職員などは「こんなことをやっても、まちはよくならない」ということは重々承知の上で、政治家や行政のトップ、上層部のメンバー、時に自治体ＯＢなどが関与した「対症療法的な予算事業」を遂行しています。

最初から「無理ゲー」を戦わされることを繰り返せば、そりゃあもう、現場としてはいろいろなものを麻痺させなければやっていかれません。「麻痺させられた結果」が、無力感や「何をやっても難しい」という「否定的マインドセット」です。こうなってしまうと、事業自体にまったく面白みが出ず、「消化試合化」して、さらに状況は「目標は達成されず、投入する予算などがどんどん拡大するだけ」ということになってしまいます。

▼「問題」を「チャンス」ととらえた取り組みを発展させる

では、残念ながら大半の地域が陥っている、このような「負のループ」に入った際に、抜け出す方法はあるのでしょうか。**重要なのは、失敗に支配されて、投げ出さない、諦めてしまわないこと**です。

地方の方々と再生事業に取り組むとき、私たちは、**どのような過酷な状況下でも不死鳥**

のように立ち上がって事業と真剣に向き合う「熱い人々」が、地方に多数いることを知っています。

実は、行政の構造を一気に変えることに力を注ぐよりも、民間が行政計画とは関係なく、まちなか再生などで活躍して、それをひとりの市民として行政マンも支え、それが成果を収めていくうちに、自治体を動かし、行政の戦略へと昇華していくことだって多々あるのです。

たとえば、通行量が減っていくことを問題視せず、むしろ道路の空間が空いて使えるようになったととらえて「大通すわろうテラス」を経営している札幌大通地区もそうです。山が荒れていくことを嘆いたり、沈下橋を建て替えて近代化する計画に心折れるのではなく、栗製品市場を開拓して、昨今では栗林の植林につなげ、沈下橋そのものも観光資源にしている、高知県四万十町の民間による取り組みも同様です。

これらの取り組みには、自立した民間が「稼ぎ」と真剣に向き合い、新たなまちの変化を起こそうとする行政が、規制緩和などの権限を行使したり、時に公務員がボランティアなどの形で協力しながら、ちゃんと「身の丈」で事業をつくり出しています。

「戦略の問題を、戦術によって克服することはできない」という言葉があります。だからといって、問題を抱えている地域が、自治体の掲げる戦略に沿わないことをやってはいけないわけではありません。間違った戦略が大半だったりするのですから。

間違った戦略を選択していることが明らかなら、自治体の方針とは異なる取り組みを行って、地域に新たな活力を生み出すという選択肢があることを忘れてはいけません。いくら「うちの自治体がダメだ」と嘆いても変わらないのです。

最初は難しいかもしれませんが、むしろ自治体の戦略を「完全無視」してでも、自分たちが必要であると考える取り組みを小さく始め、実績をあげていくことこそが変化につながります。

07

アイデア合戦

現場を消耗させる「お気楽アイデアマン」
実践と失敗から「本当の知恵」を生み出そう

「いい地域活性化のアイデアはないか」という定番のご質問があります。地域で必要なのは単なる思いつきの「アイデア」ではなく、地味で小さな実践の積み上げであり、その先に生まれていく知恵です。実際に地域を変えるのは、奇抜な提案をするアイデアマンではなく、必要なことから目を背けず、課題を解決しながら成果を収めていく人です。

しかしながら、どうにも、**地域活性化に取り組む組織は「アイデアがないから失敗する」と思い込み、現地にも「新規性」のあるアイデアばかりを求めます**。奇抜なアイデア頼みになり、むしろ実行プロセスには配慮しないため、結果として「組織」が疲弊し、頓挫してしまうプロジェクトが山のようにあります。

実際に地域において成果を出す上では、**アイデアの新規性よりも、プロセスの現実味のほうがよほど重要**です。

ここでは、よくわからないアイデアを提案し続ける「お気楽アイデアマン」による地方の現場消耗について整理します。

▼否定も制約も考慮しないブレストで人材を消耗

「批判しないでアイデアを出し合いましょう」「これはブレストですから、萎縮しないで意見を」などと言って、アイデア出しの会議に膨大な時間をかける人がいます。たしかに否定がなければ発言する側も気楽ですし、運営する側も気楽です。

しかし、地域での実際の取り組みは、「さまざまな人たちからの質問」「自分が考えもしなかったような多角的な視点からの疑問」と向き合いながら、複雑に絡んだ糸を解くようにプロジェクトを進めていかなくてはなりません。さらには「制約条件」がない実社会などはなく、むしろ実際には資金や人間関係などの複雑な制約条件を突破する工夫こそが重要です。そこがなければ、何事も形になりません。

困るのは、このようなアイデアばかりを出し合っている会議に、地元で事業に奮闘している実践者が声をかけられ、巻き込まれてしまうことです。実際に事業に取り組んでいる人たちからすれば、そもそも実践もしていない人たちの会議に出て、単なる意見出しに参加するなんてことはほとんど意味がありません。自らの事業に取り組む時間が消耗されてしまうだけです。

最近では、第1章でご説明したとおり、アイデア出し自体を予算型イベントとして開催する事例も出てきています。地域の人たちのリソースが、実践なきアイデア出しに消耗されているのです。**何より「アイデアを出し合いましょう」ということを言うお気楽アイデアマンにかぎって、実は、その人自身は大したアイデアを持っていない**という笑えない話があります。

当然、アイデアがない人が集める人たちの多くも、またアイデアを持っていません。何より、こういった会に集まる人たちは、自ら実践していない人が多く、出されるアイデアはどこかで見聞きしたような事例のパクリばかりになってしまいます。しかし、それでも内輪では盛り上がってしまいます。

さらに困るのは、**内輪で盛り上がった「思いつきのパクリアイデア」を自分たちでやるのではなく、役所から予算をもらうネタにしてしまうこと**です。本書で何度も指摘しているように、予算依存の取り組みからは成果は生まれず、継続もしないまま終わっていきます。さらに、人のカネでやった取り組みだけに、失敗しても反省もまともに行われません。

「この地域には早かった」「タイミングが悪かった」「他の人に邪魔をされた」といった言い訳だけが繰り返されます。実際には**そもそも大したアイデアでもないものを厳しく叩きもせず、さらに予算に依存するという「実践力」の不足が失敗の本質**であるわけですが、そこに目がまったく向きません。

お気楽アイデアマンの特徴

お気楽アイデアマンたちは、そもそもアイデアを評価する段階で、まったく筋違いの視点を持っています。

●特徴1：「新規性」という目新しさばかりを追い求める

お気楽アイデアマンは、「新しい」ということばかりを評価します。

しかし、重要なのは、新しいか古いかではありません。**地域における課題をそもそも解決するものであるのか、もしくは地域の将来成長に寄与する内容であるのかのほうがはるかに重要**です。

別に新しくなくても、行わなくてはならない地味な事業と向き合うことのほうが大切です。当たり前のことをしっかり実行せず、目新しいことばかりを追い求めても無意味です。

●特徴2：「〜らしいアイデア」という勝手なイメージを強要する

学生には「若者らしいアイデア」、女性には「女らしいアイデア」を求めがちです。

しかし**本当に地域に必要な提案には、その提案者の属性に沿った「○○らしさ」など無意味**です。地域に必要であれば、その提案者の年齢や性別などの属性などは関係なく評価する姿勢がなくてはならないわけです。

○○らしさといった、考える人の属性をネタにした奇抜なアイデアを評価することも、ある意味でアイデアを集める側の都合のよいストーリーとも言えます。

●特徴3：「プレゼン技術」による情緒性で評価してしまう

アイデアの内容ではなく、情に訴える、共感性を高めたプレゼンで安易に感動してしまい、評価してしまうことが多くあります。いくらプレゼン技術が高くて共感を集めても、結局のところ**自ら実践する覚悟がなければ、それは単なるホラ吹き**にほかなりません。

このような視点でアイデアを評価してしまうため、実際に地域に必要な課題解決など、厳しい実践力が求められる提案は出ませんし、お花畑思考の域を超えないものばかりになっていきます。

▼実践と失敗を通じて「本当の知恵」は生まれる

本当に地域に必要なのは、決して思いつきのアイデアなどではありません。**賛否両論の中でも小さく取り組みを始めて積み上げ、さまざまな制約条件をクリアし、結果として「成果」と言えるものを残すことが大切**なわけです。そして何より、実践の中には失敗が伴います。**その失敗から学び、再挑戦することで、本当に地域の抱える課題を解決しうる、現実味のある「本当の知恵」が生み出されます**。

会議室に集まり、皆で褒め合うような意味不明なアイデア会議ばかりをしていて、地域が再生するのであれば、もう何十年も前に再生しています。本気で事業に取り組む方は、現場に集中するため、できるだけ実践なきアイデア出しの会議には誘われても出席しないほうが得策です。

最初は地味で馬鹿にされ、途中で失敗などすると、多くの人から「ほら見たことか」と罵られることもありますが、その後に成果が伴えば人々の評価は確かなものになります。一方で、派手な新規性のある提案を、勢いよくやっていたとしても、それが時間を経て地域にとってはまったくよいものではなかったことが明らかになれば、その人の評価は地に落ちるでしょう。

地道でもしっかりと成果を積み上げていくことでしか、地域は変わりません。そのような試行錯誤の先に、**その地域独自の「本当の知恵」を生み出すこと**こそ、今、地方に必要なことです。

▼個人の知恵を活かす、軽くてスピードある組織運営を

本章を通じて見てきたように、地域活性化を進める上で、組織はさまざまな「壁」をつくっています。

その壁を支えるのは多くの人が「常識」に縛られ、根本から考えなおさず、「そういうものだから」と思考を停止した状態です。

結果として、そもそも計画してもわからないことを計画し、皆で意思決定をするから集団浅慮に陥り、さらには計画段階と実行段階でチームさえも異なり、最後は「新規性を求

めたアイデア」などに活路を見出そうとして、現場が疲弊して組織が破綻します。幾度となくこのような間違いを行ってきているのですが、それを反省する機会がないため、いつまでも同じようなことを繰り返しています。失敗は決して責任問題などになるものではなく、科学的にそのプロセスを検証し、「二度と同じような過ちを犯さない」ために活かされるべきです。

しかしながら、「組織問題を解決するなんて仰々しいことは考えてはならない」と教えこまれてきた私たちは、仕組みに従い、そして過ちを繰り返しています。

本章では、組織が抱える構造問題を示すとともに、それぞれへの対応策も解説してきました。それらを皆が認識し、計画、実行の両方で適用することができれば、成功確率は多少なりとも上がることでしょう。少なくともトンデモない大失敗を未然に防ぐことはできます。

組織が抱える問題を超えることも、地方活性化においては不可欠です。賢いはずの個人が集まって、誤った組織運営をしていては、地域はいつまでも活性化しません。しっかりと個人の知恵を活かす、組織問題を意識した行動が求められます。

第5章
組織の活かし方 危険度 チェックシート

01
- □ 計画段階から「撤退戦略」については考えない
- □ 「失敗したとき」のことを話せない空気がある
- □ 撤退よりも先延ばしを考える

▶ **数字と期間が明確な「撤退戦略」をルール化しよう**

02
- □ 計画策定などはコンサルタントに任せている
- □ 成功事例と同じことを補助金を使ってやっている

▶ **自分たちで考え、行動する「自前主義」を貫こう**

03
- □ やはり地域でのものごとは「合意形成」を最優先にしている
- □ 地元からの反対には、神経質になって当然だと思う

▶ **合意形成は最初にするものではなく、結果をもってなされることを肝に銘じよう**

04
- □ ロジックよりも「好き嫌い」で意思決定している
- □ 論理的反証は現実には意味がないと思う
- □ 地元を褒めてくれるコンサルタントを使っている

▶ **「定量的議論」と「柔軟性確保」をルール化しよう**

05
- □ 組織のヒエラルキーに沿って、「伝言ゲーム」をしっかり回している

▶ **分権によって「実態から考えられる」組織をつくろう**

06
- □ 戦略や計画が、目の前にある課題解決に特化している
- □ 「目標」の達成に専念している
- □ 根本論を言っても仕方がないので、考えない

▶ **自治体を完全に無視してでも、必要な取り組みを小さく始め、成長させよう**

07
- □ アイデアは新規性が重要だ
- □ 「○○らしい」アイデアを集めるためにグループワークをしている
- □ 優れたプレゼンの技術をもった人が地域には必要だ

▶ **実践と失敗から「本当の知恵」を生み出そう**

おわりに

先日、スペイン・バスク自治州にあるサン・セバスチャンなどを巡ってきました。今、美食の町としてヨーロッパ各地のみならず、全世界から人を集めて、稼いでいる都市です。この都市に足を踏み入れると、観光は稼ぐことが大切で、単にたくさんの人を集めればいいのではないことがわかります。

観光で稼ぐためには、おカネを地元で落とし、その資金が地域内で回る産業構造が不可欠です。サン・セバスチャンの場合には飲食業を高度に発展させ、美食家たちをターゲットに設定していました。人口ひとりあたりの星付きレストランが世界で一番多く、また旧市街地には多数のバルが競い合って美味いピンチョスを提供。連泊しなければ楽しみきれないだけの数です。私も3泊しましたが、1日10店以上まわってもまったく足りません。これらの飲食店は、ビスケー湾からとれる魚を使い、背後に広がる農地で育った野菜、さらに大切に育てられた地元の牛、豚、鳥などを使っています。飲食業の稼ぎがしっかりと地元の一次産業に循環し、地域全体を支える仕組みになっていることで、地域全体の繁栄に繋がっています。

スペインは、日本から比較すれば失業率もまだまだ高く、インフラもとても貧弱です。サン・セバスチャン空港なんてプロペラ機しか乗り入れられないほど小さく、ヨーロッパ各国から行くのでも不便極まりないです。まちなかの道路もガタガタなところが多く、綺麗とは言い難いところも散見されます。さらに旧市街地なんて、建物は昔のまま、内装だけ手を入れてバルが経営されています。

それでも明確な目的、つまり美食を堪能することを目指して訪問する観光客はこの街に足繁く通い、保養地として不動産を買い求める人さえ増加し、地域は緩やかな成長を獲得していました。18万人の地方都市でここまで自立できる。さらにその隣町、国境の町オンダリビアにいたっては、1・6万人の小都市にもかかわらず、豊かな食生活と立派な住宅が集まっていました。

人口規模や不便さを言い訳に自立をあきらめ、適切な成熟と成長を放棄するなんてことは馬鹿馬鹿しいということがわかります。

可能性にあふれた日本の地方

海外だけでなく、日本の地方も大いに可能性に満ちています。

特に工業中心に都市をつくり変えなかった都市は、これからもっと伸びていくでしょう。そういう意味で日本海側はチャンスです。かつて幕末には北前船経済で大変な蓄財をし、都市文化蓄積を持っている都市は、これから大いに競争力を高められると思います。先日も金沢市に行ってきましたが、同市が高い評価を受けているのは、高度な都市開発をしたからではなく、むしろ明治維新以降にも町割りを変えず、道路整備や土地の高度利用をあえて行わなかったことです。結果として、今となっては高い希少性を持つ町並みが残り、さらに小さな区割りだからこそ地元資本の中小零細企業が未だ多数集積し、昼のみならず高い文化性をもった夜間経済の多様性が担保されていることも特徴です。

実はそのように見ていくと、日本の地方都市は海があり、山があり、食を含めた都市文化蓄積があり、さらに空港や新幹線や道路といったインフラまでも整っています。空港などのインフラにいたってはサン・セバスチャンの数倍素晴らしい、ジェット機が乗り入れられる地方空港が山程あります。

唯一の問題は、今はそれらを活かして稼ごうという気がないことです。稼がず、再分配の資金をもらって適当にやるのが楽で一番よいという発想こそ、地方衰退の原因でもあります。唯一最大の課題は、ちゃんとやる気になって「稼ぐことと向き合うこと」といって間違いはないかと思います。

▼「実践と発信」の両輪こそ重要

私は、18年ほど全国各地で「稼ぐ事業」をつくることを仕事にしてきました。自ら地元企業に出資し、共に経営しながら地域に稼ぎをつくり、生み出した利益からフィーを受け取る。単に計画を書いたり、提案をするコンサルタントではなく、自ら投資を繰り返して経営に関与するというのが基本です。さらに、それらのノウハウをドキュメントにまとめて発信し、スクールなどの展開につなげていく。これらすべて、国や自治体からの受託ではなく、自ら投資して開発・提供する「民間サービス」とすることにこだわってきました。

現場の人間は現場のことだけやっていればいい、そういう専門主義的な考え方が、日本ではいまだ支持されやすいです。しかし、現場で事業に取り組むからこそ、そこで得られる情報が多数あります。それを発信することもまた、現場の務めであると思っています。

だからこそ、本書のような書籍発行を含めて、今後とも「実践と発信」の両輪を持つことにこだわっていきたいと思っています。

最後に、東洋経済オンラインでの連載機会をつくっていただいた福井純さん、また本書の編集を担当してくださった桑原哲也さん、そして日頃から共に事業に取り組んでくださっている全国各地の同志、仕事に深い理解を示してくれる家族など、多くの皆様のご協力なくして、本書を世に出すことはできませんでした。この場を借りて心より感謝申し上げます。

日本の地方は厳しくも面白く、可能性に満ち満ちています。単にお荷物扱いされ、それを受け入れて再分配に甘んじてきた日本の地方が自立の方向で目覚め、今一度「稼ぐ地方」へと生まれ変われば、人口縮小時代にあってもそれを逆手にとって成熟化を果たし、生産性を高め、文化性をも高めることに成功する「日本」への転換が可能です。

私もそのような転換を支えられるように、挑戦を続けていきます。

【著者紹介】
木下　斉（きのした　ひとし）
まちビジネス事業家
1982年東京生まれ。1998年早稲田大学高等学院入学、在学中の2000年に全国商店街合同出資会社の社長に就任。2005年早稲田大学政治経済学部政治学科卒業後、一橋大学大学院商学研究科修士課程へ進学。在学中に経済産業研究所、東京財団などで地域政策系の調査研究業務に従事。2007年より熊本城東マネジメント株式会社をはじめ、全国各地でまち会社へ投資、経営を行ってきた。2009年、全国のまち会社による事業連携・政策立案組織である一般社団法人エリア・イノベーション・アライアンスを設立、代表理事就任。内閣官房地域活性化伝道師や各種政府委員も務める。主な著書に『稼ぐまちが地方を変える』（NHK出版新書）、『まちで闘う方法論』（学芸出版社）、『まちづくりの「経営力」養成講座』（学陽書房）、『まちづくり：デッドライン』（共著、日経BP社）などがある。

地方創生大全

2016年10月20日　第1刷発行
2024年12月17日　第11刷発行

著　者――木下　斉
発行者――田北浩章
発行所――東洋経済新報社
〒103-8345　東京都中央区日本橋本石町1-2-1
電話＝東洋経済コールセンター　03(6386)1040
https://toyokeizai.net/

装　丁…………小口翔平（tobufune）
DTP……………アイランドコレクション
印刷・製本……丸井工文社
編集協力………島田栄昭
編集担当………桑原哲也

ISBN 978-4-492-21225-7